이 와 나 미 0 1 1

악이란
무엇인가

나카지마 요시미치 지음 | **박미정** 옮김

머리말

최근 일본에서는 부모 살해, 아동 학대, 청소년에 의한 상해 및 살인 사건과 같이 잔학한 범죄가 매일같이 일어난다. 이런 범죄가 일어나면 언론은 앞다투어 사건을 보도하느라 바쁘다. 교육평론가와 정신병리학자, 범죄 심리학자 심지어 가수나 탤런트, 운동선수마저 줄줄이 텔레비전이나 신문에 등장해 마치 제 일인 양 '대책'을 논하느라 정신이 없다. 나는 이 모든 현상이 매우 불쾌하다.

범죄 피해자(특히 유족)에게는 감히 어떤 말도 할 수 없다. 그들에게는 그저 '왜?'라는 물음, 가령 '왜 우리 아들이?', '왜 우리 남편이?', '왜 내 애인이?'라는 물음이 온몸을 관통할 테고, 그들의 세상은 모조리 얼어붙고 말았을 테니까.

내가 심히 위화감을 느끼는 부분은 잔학한 사건에 관해 이야기하는 리포터나 뉴스캐스터, 해설자들의 지나치리만큼 둔감한 태도다. 그들은 하나같이 이러한 이상 사태가 놀랍기 그지없다는 듯, 침통한 표정으로 현대 일본인의 '황폐한 마음'을 한탄하며 '어떻게든 해야 한다'고 목소리를 높인다. 마치 자기는 이런 악惡과는 전혀 상관없는 안전지대에 있다는 듯.

자기들의 핏속에는 악이 단 한 방울도 섞여 있지 않다는 듯이 범인(용의자)을 이상한 사람으로, 자신을 정상적인 사람으로 명확히 구분 짓고 범인의 행위가 얼마나 지독하고 잔인한지를 역설하는 데 여념이 없다. 그뿐 아니라 사회가 이런 인물을 만들어냈다는 데 한탄과 슬픔을 아끼지 않는다. 아니, 심지어 범인에게 연민을 보내며 '인간이라면' 언젠가 뉘우치고 유족에게 '진심으로 사죄'하기를 기대한다.

물론 그들이 그렇게 말할 수 있는 것은 각자의 사회적 역할을 자각하고 있기 때문이다. 하지만 그들이 진정 자신이 뱉은 말에 대해 아무런 양심의 가책도 느끼지 못한다면, 본인과는 상관없다는 듯 시치미를 뚝 떼고 한 발언일지언정, 나중에라도 심각한 자기혐오에 빠지지 않는다면, 그들은 나와 다른 세계에 살고 있다.

그들의 언동을 수많은 '선량한 시민들'이 지지한다. 일말의 주저 없이 자신을 정상적인 인간 편에 두고 범죄 피해자를 진심으로 동정하며 범인(용의자)을 신기한 동물이라도 되는 양 바라본다. 자신을 둘러싼 안정되고 단단한 틀이 영원히 지속하리라고 믿는 자신감 넘치는 태도다. 그러나 자기 안의 악을 보려 하지 않는 그들은 유죄다. 자기 안의 악에 뚜껑을 덮고 타인을 판가름하는 그들은 유죄다.

범죄자뿐 아니라 우리는 사회에서 비난받는 사람들, 배척당하는 사람들, 사회적 적응력이 부족해서 살아가기 힘든 사람들에 대해 묘한 동정심을 느끼곤 한다. 그것과 관련하여 나는 사회에 순응하여 쉽게 살아가는 사람들, 사회적으로 성공한 훌륭한 사람들에 대해 어쩔 도리 없이 위화감을 느끼곤 한다. 그들이 인격자라는 소문이 자자하면 자자할수록 그 살갗에 밀착된 악이 느껴진다. 내 눈에는 그들의 눈부시게 화려한 옷차림 속에 숨겨진 엉망으로 더럽혀진 알몸이 보인다.

물론 범죄자를 찬양하는 것은 아니다. 사회에서 배척된 사람들을 존경하는 것도 아니다. 이름 없이 죽어가는 대다수의 '약자'들에게 경의를 표하는 것도 아니다. 나는 누구도 진심으로 존경할 수 없다. 지난 수십 년간 (나 자신을 비롯해) 누구도 '선하지 않다'는 선명한 직관이 나를 지배했기 때문이다.

지금까지 철학자들은 악에 대해 다양한 고찰을 해왔다. 서양철학에 한정한다면 그것은 주로 '변신론辯神論'이라는 형태로 논의되었다. 완전한 선善인 신이 이 세상을 창조했는데 왜 이 세상에는 이렇게도 악이 만연한가. 이 진지한 질문에 대해 아우구스티누스, 스피노자, 라이프니츠, 셸링 등의 대표 선수를 비롯한 수많은 철학자는 온 힘을 다해 물음에 답하려 했다. 하지만 나는 개인적으로 이런 종류의 질문에 전혀 흥미가 솟질 않는다. 애초에 저런 '질문'이 내 안에 없기 때문이다.

그렇다고 해서 선악에 관해서 회의론 편에 서려는 것은 아니다. 오히려 나는 현대 일본의 선악에 대한 관념은 지극히 타당하다고 본다. 다만 '왜 사람을 죽여서는 안 되는가?'라는, 한때 유행하던 질문이 내 안에서는 전혀 절실한 물음으로 다가오지 않는다. 나에게 있어서 그 질문은 온몸을 쳐부수는 물음이 아니기 때문이다. 증오하는 사람이야 많이 있지만 나는 그중 누구도 죽이고 싶지도, 칼로 찌르고 싶지도, 괴롭히고 싶지도 않다. 그 누구의 집에도 불을 지르고 싶지 않고, 누구도 강간하고 싶지 않으며, 그 누구의 돈도 빼앗고 싶지 않다. 그런데도 나는 내 안에 방대한 악이 소용돌이치고 있다는 사실을 잘 안다.

그것은 방금 예로 든 범죄 행위 수준의 악이 아니다. 오히려 그러한 악에 빠져들지 않기 위해 열심히 살아갈 때 생기는 부채負債

다. 성공을 추구하고 그 얼마 되지 않는 성과를 기뻐하는 데 대한 부채다. 고통스럽게 살아가는 사람이 산더미처럼 많은데 나 혼자 안락하게 살아가는 데 대한 부채다. 일단 육신이 온전하고 건강하고 정규직으로 일할 수 있는 것에 대한 부채다. ······끝을 알 수 없는 부채가 내 목을 조여온다.

나는 ―비겁하게도― 이런 실감을 하며 살아가면서도 나 자신은 제쳐놓은 채, 행복하게 살아가는 수많은 주변 사람에게 연이어 비난의 화살을 날리고 있다. 악에 관한 나의 유일한 관심은 선인善人이라고 자부하는 사람의 마음속에 똬리를 틀고 있는 악이다. 자신을 선인이라고 믿어 의심치 않은 채 악인을 심판하는 사람, 악인을 동정하는 사람의 악이다.

나와 오랜 시간 함께 해온 칸트는 '근본악'에 관한 이론에서 이것을 철저히 고찰했다. 이 책은 칸트 윤리학을 '악'이라는 측면에서 쫓아간 결과다. 즉 이면에서 본 칸트 윤리학 탐구라 해도 좋다. 내가 칸트에게서 헤어지지 못하는 이유는 결국 악에 관한 그의 감수성에 공감하기 때문인지도 모른다.

칸트에 따르면 인간은 '자연 본성부터' 악이다. 어떤 선인이라도 악이다. 이 사상의 배경으로서 기독교의 '원죄' 사상이 깔려 있다고 알려졌지만, 칸트의 '근본악'은 그보다 훨씬 더 인간적이다. 인간은 스스로 더욱 완전해지고자 뼈를 깎는 노력을 기울일수록, 타인의 행복을 바라고 타인에게 친절할수록 필연적으로 악에 빠져든다. 학교나 병원을 건설하고 법률을 정비하고 문화를 발전시킬수록, 즉 사회를 개량하면 할수록 악이 인간의 몸에 달라붙는다.

악은 모든 사람의 '선을 행하고자' 하는 의지 속에 녹아들고, 사회를 '선하게' 하려는 욕구 속에 섞여든다. 악은 암세포처럼 생명 현상 자체에 들러붙어서 자신을 증식시킨다. 그런데도 우리는 '선을 행하고자' 하는 의지를 완전히 포기하고 어리석은 양 무리로 돌아갈 수도 없다. 그야말로 출구가 없다. 우리 인간은 모두가(아무리 극악무도한 사람이라도, 또 아무리 성자 같은 사람이라도) '도덕 학교'의 낙제생이며 아무리 애써도 우등생이 될 수 없다.

이 사실을 깨닫고 나는 오히려 안심했다. 우리는 끊임없이 '선을 행하고자' 욕망하면서 행위할 때마다 좌절하고, 자기 안에 퍼져 있는 악에 두 어깨를 축 늘어뜨리고 자기 자신에게 유죄 선고를 내릴 수밖에 없다. 그런 다음 '어째서?'라는 물음을 던지고 또 던지는 수밖에 달리 방법이 없다. 왜냐하면 이것을 온몸으로 감내하고 고민하며 고통스러워하는 것, 그것이 바로 '선하게 살아가는 것'이므로.

목차

제1장 '도덕적 선'이란 무엇인가   11

라스콜니코프 / 사색이 아닌 행위에 의해 비로소 도덕적 세계가 열린다 / 도덕적 감성 / 선의지 / '의무에 맞는 행위'와 '의무에서 비롯한 행위' / 도덕법칙과 정언명령 / 준칙과 성격 / 명령과 행위 사이 / 목적으로서의 인간성 / 형식으로서의 악 / 비옥한 저지대

제2장 자기사랑   41

누구도 자기사랑의 인력권에서 빠져나갈 수 없다 / '자만'이라는 것 / 자기사랑과 정언명령 / 자살에 대하여 / 더욱 완전해지려는 의무 / 사회적 공적은 부채다 / 영리함의 원리 / 세속적 영리함과 사적인 영리함 / 도덕적 선함과 순수함 / 선을 추구하면 악에 빠지는 구조 / 행복의 추구 / 행복을 받을 가치가 있다 / 고행의 부정 / 타인을 동정해야 하는가 / 자기희생적 행위

제3장 거짓말   79

합법적 행위를 약삭빠르게 행하는 사람들 / 도덕법칙에 대한 존경 / 진실성의 원칙 / 진실성과 친구의 생명 / 궁색한 거짓말 / 사랑과 거짓말

제4장 이 세상 규범과의 투쟁   97

합법적 행위와 비합법적 행위 / 의무의 충돌 / 무엇이 합법적인 행위인
가 / 박해받는 이들 / 도덕성과 세간의 얽매임 / 나쓰메 소세키는 도덕
적이다 / 아들을 죽여야 한다

제5장 의지의 자율과 악에 대한 자유   119

의지의 자율과 타율 / '문자'와 '정신' / 자기사랑 이외의 의지의 타율 /
아브라함 / 나는 조개가 되고 싶다 / '문자'가 '정신'을 획득할 때 / 아돌
프 아이히만 / 내가 틀리지 않았다는 보장은 어디에도 없다 / 낙태에 대
하여, 프란테라의 경우 / 양심의 법정 / 빈에서 있었던 일 / 악에 대한
자유

제6장 문화의 악덕   151

의지Wille와 의사Willkühr / 동물과 악마 사이 / 악의 장소 / 동물성의 소
질과 인간성의 소질 / 실천이성과 인류의 발전사 / 악에 대한 성벽

제7장 근본악   167

인간 심정의 악성 / 악성의 준칙을 선택하는 성벽 / 도덕 질서의 전도 /
근본악은 모든 준칙의 근거를 썩게 한다 / 출구 없음 / 부과되어 있으나
대답할 수 없는 물음 / 다시 프란테라의 경우 / 근본악과 최고선

후기   186
역자 후기   193

일러두기

1. 이 책은 국립국어원 외래어 표기법에 따라 일본어를 표기하였다.

2. 일본 인명, 지명은 본문 중 처음 등장할 시에 한자를 병기하였다.
   *인명
   예) 나쓰메 소세키夏目漱石, 고메타니 후미코米谷ふみ子
   *지명
   예) 도쿄東京, 오사카大阪

3. 어려운 용어는 독자의 이해를 돕기 위해 주석을 달았다. 역자 주, 편집자 주로
   구분 표시하였으며, 나머지는 저자의 주석이다.
   *용어
   예) 키리시탄キリシタン(박해받던 일본의 가톨릭 신자—역자 주)
       다자이 오사무太宰治(20세기 일본 근대문학을 대표하는 작가—편집자 주)

4. 서적 제목은 겹낫표(『』)로 표시하였으며, 그 외 인용, 강조, 생각 등은 따옴표를
   사용하였다.
   *서적 제목
   예) 『실천이성비판』, 『윤리형이상학 정초』

제1장
'도덕적 선'이란 무엇인가

라스콜니코프

도스토옙스키의 『죄와 벌』 「에필로그」에 주목할 만한 대목이 있다. 나는 작가가 이 말을 하기 위해 이 장대한 소설을 썼다는 생각조차 든다.

그러나 그가 수치스러웠던 것은 삭발한 머리나 족쇄 때문이 아니었다. 심하게 상처 입은 자존심 때문이었다. 그가 병에 걸린 것도 상처받은 자존심 때문이었다. 오, 만약 그가 스스로 벌할 수 있었다면 얼마나 행복했을까! 그랬다면 그는 수치든 굴욕이든 모든 것을 견뎌 낼 수 있었으리라. 하지만 자신을 엄중히 심판해봤지만, 미친 듯 날뛰는 그의 양심은 누구에게나 일어날 수 있는 단순한 실수를 제외하고는, 자신의 과거에서 특별히 끔찍한 죄를 발견할 수 없었다. 그가 수치스러웠던 것은 다름 아니라, 라스콜니코프라는 인간이 맹목적인 운의 판결에 따라 이토록 맹목적이고 어리석고 못나게 쉽사리 아무런 희망도 없이 파멸했으며, 만약 조금이라도 마음을 안정시키고 싶어 한다면, 정체를 알 수 없는 판결의 '무의미함'과 타협하여, 그 앞에 굴복해야 한다는 점이었다.……

만약 운명이 그에게 회한을 보냈다면! 심장을 쳐부수고, 잠을 빼앗고 마는 타는 듯한 회한, 그 무시무시한 고통을 견디지 못해 목을 매거나 물에 뛰어들지 않고는 버틸 수 없는 회한을 만약 운명이 보냈다면! 오, 그는 그것을 얼마나 기뻐했을까! 고통과 눈물, 이 또한 역시 삶 아닌가. 하지만 그는 자신의 범죄를 뉘우치지 않았다.……

즉 이 하나만큼은 그는 자신의 범죄를 인정했다. 견딜 수 없어서 자수했다는 점, 그 점뿐이다. (『죄와 벌』, 표도르 도스토옙스키)

라스콜니코프는 '자신을 엄중히 심판해봤지만…… 자신의 과거에서 특별히 끔찍한 죄를 발견할 수 없었다.' 심지어 '견딜 수 없어서 자수'한 약한 인간이었다. 혁명가나 독재자처럼 자신의 이상을 실현하기 위해 수천(수만)의 사람을 죽이더라도 버티는 '강한' 인간이 아니었다.

그는 유형지에서도 '살아갈 가치가 없는 잔악한 인간은 죽여도 좋다'는 자신의 사상을 정정할 필요성을 전혀 느끼지 못했다. 하지만 막상 자신의 사상을 실행에 옮기자, 그는 웬일인지 버틸 수 없었다. 라스콜니코프는 완전 범죄를 눈 하나 까딱 않고 저지르는 것이 불가능한 '약한' 인간이었다. 바로 그런 점 때문에 그는 도덕적이라고, 도스토옙스키는 말하고 싶은 것이 아닐까. 다만, 이때 '도덕적'이란 '도덕적으로 선하다'는 의미가 아니다. 어쩔 수 없이 도덕적 상황에 붙들리고 마는 것, '도덕적 선'이 신경 쓰여서 견딜 수 없는 것, 따라서 '도덕적 선이란 무엇인가?'라는 질문을 계속 던질 수밖에 없는 것. 바로 이런 태도를 통해 엿볼 수 있는 인간 본연의 자세를 말하는 것이다.

원래 모든 인간은 이성적인 한, 이런 의미에서 도덕적일 터이다. 하지만 인간 대부분은 그것을 교묘하게 은폐하며 살아간다. '도덕적인 선이란 무엇인가?'를 진지하게 물으면 생활 곳곳에 금이 가고 결국 생활의 기반이 붕괴하리라는 것. 바로 그 사실을 알고 있기 때문이다.

하지만 한 사회에서 규칙을 깬 인간은 사회로부터 벌을 받고 때에 따라서는 제거당한다. 그러므로 '도덕적 선이란 무엇인가?'를 진지하게 묻지 않을 수 없다. 그는 (도덕적으로 선하다고는 말할 수 없을지라도) 도덕적이지 않을 수 없다. 마찬가지로 불합리한 범죄의 피해자마저도 '대체 왜?'라는 질문을 종결시킬 수 없다. 얼마 전, 일본에서는 한 소녀가 학교에서 동급생 소녀에게 살해되었다. 피해자의 아버지는 '대체 왜?'라고 거듭 의문을 제기한다. 범인 소녀의 정신 감정이 나왔음에도, '그렇다고 비슷한 나이의 소녀가 모두 살인을 저지르지는 않는다. 그 아이에게 선을 넘도록 한 것은 대체 무엇인가?' 하고 물었다. 그는 죽을 때까지 정답을 찾아낼 수 없을 것이다. 그런데도 의문을 던지는 일만큼은 멈출 수 없으리라.

사색이 아닌 행위에 의해 비로소 도덕적 세계가 열린다

라스콜니코프는 도망치다 지쳐서 연인 소냐에게 고백한다.

나는 그저 죽인 거야. 나를 위해서 죽인 거야. 나만을 위해서 죽인 거야. ……나는 그때 알고 싶었어. 조금이라도 빨리. 나도 다른 사람들처럼 남의 피나 빨아먹는 한낱 이에 불과한지, 아니면 인간인지, 그걸 알아야만 했다고. 나는 과연 벗어날 수 있을까. 허리를 굽혀서 주워 올리는 행위를 일부러 할 수 있을까? 나는 부들부들 떠는 한 마리의 버러지일까, 아니면 권리를 지닌 인간일까. (『죄와 벌』, 표도르 도스토옙스키)

14

라스콜니코프는 노파를 죽임으로써 비로소 자신이 한낱 버러지라는 사실을 깨달았다. 즉 노파를, 아니 그 어떤 것도 죽일 권리가 없는 인간이란 사실을 깨달았다. 그는 사람을 죽여도 눈 하나 깜박하지 않고 초연하게 있을 수 있는 강한 인간이 아니었다. 노파를 죽인 순간 —전혀 예상치 못하게— 식은땀을 흘리며 벌벌 떨다가 몰래 빠져나가려고 허둥댔다.

그렇다고 해도 그는 —세상의 선인들처럼— 사회의 규범을 순순히 따를 수 없다. 그의 성실함이, 그것을 맹목적으로 따르는 것을 허락하지 않는다. 그는 사색한다. 하지만 그가 사색에 잠기는 한, 그는 '도덕적 선'과는 무관한 세계에 머문다.

(공포정치 시대가 아닌 한) 누구라도 사회 비판을 하기는 쉽다. 세상의 규범을 조소하기는 쉽다. 하지만 실행을 위해 한 걸음 내딛는 순간, 모든 것은 바뀐다. 그는 이 한 걸음으로 인해 좋든 싫든 도덕적 세계에 내던져진다. 노파의 정수리에 도끼를 휘두른 바로 그 순간, 라스콜니코프는 도덕적 세계에 발목을 붙들리고 만 것이다.

그는 사색을 실행으로 옮김으로써 사색(계획) 단계에서는 알 수 없었던 다양한 사실을 뼈에 사무치도록 깊이 이해하게 되었다. 또한 실제로 살인을 실행에 옮김으로써 자신도 버러지 한 마리에 지나지 않는다는 사실을 온몸이 떨릴 정도로 뼈저리게 느꼈다. 그의 자만심은 노파를 실제로 죽임에 따라 흔적도 없이 사라졌다. 그는 사색을 실행한 행위에 의해 전혀 다른 세계로 내던져진 것이다.

범행 후 선악이란 무엇인가라는 물음이 갑자기 번뜩인 것이 아니다. 오히려 반대다. 라스콜니코프가 온몸이 떨릴 정도로 깨달은 사실은, 저것은 선하고 이것은 악하다고 '생각하는 것'이나 '말하는 것'은 아무것도 아니라는 것, 그런 사람은 정작 도덕적 선에 대해 아무것도 모른다는 것, 바로 그것이었다.

그는 스스로 노파를 죽임으로써 무엇이 도덕적으로 선한지, 또 무엇이 도덕적으로 악한지 쉽게 말할 수 없게 되었다. 생각하면 생각할수록 말할 수 없었다. 그는 깊은 의문 속에 내던져졌다. 그는 '왜? 왜?'라고 거듭 의문을 던지게 되었다. 그는 (『구약성서』 「욥기」의) 욥이 되었다. 이 모든 것에 의해 그는 (도덕적으로 선한 인간은 아니라 할지라도) 틀림없이 도덕적 인간이 된 것이다.

도덕적 감성

이른바 선인들은 라스콜니코프와 같이 '손해' 보는 일은 하지 않는다. 그들은 라스콜니코프를 전적으로 비난한다. 혹은 —더욱 악질적이게도— 그를 동정하며 "그 사람 마음은 알 것 같아"라고 말한다. 하지만 그렇게 '말'할 뿐이다. 혹은 범죄자의 인권을 옹호하기까지 한다. 하지만 그러면서도 그들은 결코 라스콜니코프처럼 범죄를 실행하지 않는다. 안전한 곳에 몸은 멈춰둔 채 사고만을 회전하며 그곳에 영원히 머문다.

칸트 윤리학의 '선'을 둘러싼 모든 논의는 바로 이런 선인들을 가차 없이 비판한다. '도덕적 선이란 무엇인가?'라는 칸트의 물음은, 선인들이 매일 실천하는 외형적으로 좋은 선=합법적 행위에서의 '합법성Legalität'이 곧 도덕성Moralität은 아니라는 하나의 점에 초점이 맞춰져 있다. 칸트 윤리학은 처음부터 비합법적 행위illegale Handlung를 배제한 채 합법적 행위에서 출발한다. 따라서 모든 합법적 행위 중에서 더욱 '도덕성'을 충족하는 행위가 무엇인지를 묻는 형태로 논의가 전개된다.

그러므로 ―언뜻 기묘하게도― 칸트 윤리학에는 '비합법성 Illegalität'에 관한 깊은 논의는 없다. 살인, 강간, 강도, 혹은 탐욕, 오만, 태만 등 일반적인 의미의 악(칸트는 '의무에 반하는 행위'라고 말한다)이 왜 발생하는지, 그것에 대해 우리가 어떻게 대처해야 할지에 대한 논의는 (제6장에서 다루겠지만) 삽화 정도의 기술밖에는 없다. 칸트 윤리학을 공부하려는 사람은 그의 이런 편향된 관심사를 직시하는 것이 무엇보다 중요하다.

따라서 서두에 라스콜니코프를 예시로 든 것이 적절하지 않은 듯 보일지도 모른다. 칸트는 유죄(비합법적 행위)를 애초에 배제한 채 논의를 전개하기 때문이다. 하지만 내가 굳이 라스콜니코프를 예로 든 이유는 '도덕적으로 선하지는 않다'는 점에서는 합법적 행위에 매달리는 선량한 시민이라 할지라도, 비합법적 행위를 저지르고 만 라스콜니코프와 전혀 다르지 않다는 사실을 명백하게 제시하고자 했기 때문이다. 이 점이야말로 제7장의 주제인 '근본악'으로 이어지는 기본 사상이다.

그리고 이것은 상식에 가까운 일이라고 본다. 살인을 저지르지 않고 절대 법을 어기지 않으며 약삭빠르게 행동하는 선인이 당장 도덕적으로 선하지 않다고 해서 살인자가 그들보다 도덕적으로 선하다는 이야기는 아니다. 판단은 신중히 해야 한다. 여기에는 매우 미묘한 공간이 열린다. 하지만 이것은 견해에 따라서는 어린아이도 알고 있다.

약아빠지게 굴면서도 외형적 행위만은 합법성을 유지하며 범죄자를 거세게 비난하는 사람이 도덕적으로 선하지 않은 것처럼, 고통에 허덕이다 범죄에 치달은 사람이 어느 순간 문득 '잘한 거야'라는 속삭임에 몸을 맡긴 순간, 모든 것은 사회 탓이라고 태도가 돌변하는 바로 그 순간, —가령 그 모든 것이 옳다 하더라도— 사라져버리고 마는 무언가가 존재한다.

칸트에 의하면 도덕적 선은 이성적인 한 우리 모두 '알고 있다.' 당연히 도덕적 선에서 어긋나는 것이 무엇인지 또한 '알고 있다.' 하지만 수많은 경우 우리는 그것을 덮고 숨기려 한다. 그리고 결론이 날 리 없는 일을 억지로 결론지으려 한다. '잘한 거야. 어쩔 수 없었어. 나는 그때 한계였고 그것밖에는 할 수가 없었어'라고 필사적으로 자신을 이해시키려 한다.

도덕적 감성은 항상 선한 일을 하려고 준비하는 감성이 아니다. 자기비판에 여념이 없으며, 자신의 행위를 점검하며 후회하는 감성도 아니다.

절대 아니다. 그것은 바로 선이란 무엇인가, 또한 악이란 무엇인가 하는 물음을 결론지으려 하지 않는 감성이다. 나아가 회의론으로 도망치지 않고 끝까지 추구해나가는 감성. 즉 받아들이지 않는 감성이며 그것을 고민하는 감성이다. 바로 라스콜니코프처럼.

선의지

칸트는 선의 내용, 즉 어떤 것이 선인가를 제시하려 하지 않는다. 이것은 칸트 윤리학의 본질이다. 나는 앞서 '도덕적으로 선한 것'은 무엇인가를, 라스콜니코프의 예를 들어 암시적으로 기술했는데, 그것의 정확한 의미를 다양한 각도에서 찾아보는 것은 나중으로 미루기로 하자. 우선 주목해야 할 것은 『윤리형이상학 정초』의 앞부분에 나오는 유명한 문장이다.

> 이 세계 어디든지, 아니 이 세계 밖이라도, 제한 없이 선하다고 간주될 수 있는 것은 오로지 선의지ein guter Wille뿐이다.

이 문장은 단순해 보이지만 오해를 불러일으키기 매우 쉽다. 우선 '선의지'란 '선한 행위'를 하려는 생각, 즉 일정한 심리 상태가 아니다. 칸트는 이 말을 곳곳에서 사용했는데, 심리학 용어를 쓰고 있지만 그 내용은 심리 상태와는 미묘하게 다르다. 이러한 교묘한 용어 선택이 칸트 윤리학을 성공시키면서, 동시에 혼탁하게 만든다(가령 '의지'도 '동기'도 '존경'도 심리 상태와의 차이를 주의하며 읽어야 한다).

'선의지'를 일정한 심리 상태로 간주하면 앞의 인용문은, 선한 행위를 하려고 했는데 악한 결과를 초래하고 말았다. 하지만 '선한 행위를 하려는' 생각 자체는 '제한 없이 선하다고 간주될 수 있다'고 해석할 수 있을 것이다. 특히 인용문에 이어지는 다음 문장을 읽으면 이런 해석이 자연스럽게 도출되므로 더욱 주의해야 한다.

> 선의지는 그것이 만들어내는 것, 혹은 이루는 것에 의해, 즉 미리 세워진 목적을 달성하는 능력을 지녔기에 선인 것이 아니라, 그저 의지함Wollen으로써, 다시 말해 그 자체로서 선이다.

그러나 앞서 말한 그릇된 해석은 칸트 윤리학의 뼈대를 가루로 만들 수는 없다. 왜냐하면 칸트의 경우, 여기에서 사용되는 '의지 Wille'라는 말이 심리 상태를 나타내지 않는다는 사실이 명백하기 때문이다. 의지란 행위를 '일으키는' 원인이지, 단순한 소망이나 갈망이 아니다. 그러므로 눈앞에서 물에 빠져 허우적대는 아이를 보고 '도와주고 싶다'는 생각이 아무리 강하더라도 실제로 '돕는' 행위를 일으키지 않는다면 그 생각은 의지가 아니다. 즉 칸트는 행위 직전에, 행위와 독립하여 확인할 수 있는 심리 상태를 '의지'라고 부른다. 하지만 의지를 그 자체로서 존중해야 한다고 말하는 것은 아니다.

> 따라서 원래 선 혹은 악은 인격의 행위에 관계하는 것이지, 인격의 감각적 상태에 관계하는 것이 아니다. (『실천이성비판』)

의지가 행위를 일으키는 원인이라면 행위와 독립된 의지는 있을 수 없다. 그렇다면 '선의지'는 단순히 '도덕적으로 선한 것을 하고자 하는' 생각이 아니라(우리는 아무리 '도덕적으로 선한 행위를 하자'고 생각해도 그것만으로는 도덕적 선을 실행할 수 없다), 행위의 원인이므로, 그것은 도덕적으로 선한 행위를 일으키는 힘을 가져야만 한다.

하지만 그렇게 말하는 순간, 우리는 크고 어려운 문제와 직면한다. 물론 선의지는 도덕적으로 선한 행위를 일으키는 원인이지만, 실제로는 우리의 수많은 행위는 도덕적으로 악한 행위다. 이 경우 도덕적으로 악한 행위를 일으키는 것은 선의지가 아닌 다른 원인일 터이다. 도대체 그것은 무엇일까. 아니, 더 깊은 질문을 던져야 한다. 왜 선의지는 '무제한으로 선' 혹은 '그 자체로서의 선'이고자 하는데도 현실적으로는 도덕적으로 선한 행위를 언제나 일으키지 못하는가.

아무리 극악무도한 사람이라도 이성적 존재자이기를 포기하지는 않을 것이다. 그는 여전히 책임의 주체(인격)이며 선의지를 지니고 있다. 그런데도 그는 선의지를 배제하고 악행으로 치닫고 말았다. 이 경우 그는 물체가 낙하하듯 나쁜 행위에 이른 것이 아니다. 그렇다면 그에게 전혀 책임을 묻지 못하기 때문이다. 그렇다면 그에게는 역시 악행으로 치닫는 어떤 의지가 있었다고 말할 수밖에 달리 도리가 없다. 나아가 이 의지와 선의지의 관계는 무엇일까.

'의무에 맞는 행위'와 '의무에서 비롯한 행위'

앞에서 다룬 물음을 지닌 채, 여기에서는 조금 더 칸트 윤리학의 윤곽을 되짚어보자. 칸트는 '의무Pflicht'라는 개념을 사용하여 우리의 행위를 '의무에 맞는Pflichtmäßig 행위'와 '의무에서 비롯한aus Pflicht 행위'로 구별했다.

여기에서 '의무'라고 번역한 'Pflicht'라는 독일어 단어에 주의해야 한다. '의무에서 비롯한義務からの'이라고 하면 일본어의 어감에 이끌려서 '사회적 의무에 의한' 즉 '의무에 의한'이라고 해석하기 쉬우나, 칸트는 이 말에 '이성적 존재자인 인간의 의무에서 비롯한'이라는 전혀 다른 의미를 부여했다. 따라서 '의무'란 무엇이냐는 물음은 이성적 존재자란 무엇인가에 기대고 있다. 그것은 마지막

까지 완전하게 명백하지는 않지만, 다음 해설을 통해 조금씩 선명해질 터이다.

지금까지 말한 것에 주의하면서 지금은 다음과 같이 말할 수 있다. 즉 '의무에 맞는 행위' 중에서 더욱 도덕적으로 선한 행위가 '의무에서 비롯한 행위'다. 다시 말해, 의무'에서 비롯한aus'이란, '선의지에 의해서', 바꿔 말하면(나중에 자세히 설명하겠지만) '도덕법칙에 대한 존경을 유일한 동기로 하여'라는 의미다.

따라서 '의무에 맞는 행위'와 '의무에서 비롯한 행위'는 병렬 관계가 아니다. '의무에서 비롯한 행위'는 '의무에 맞는 행위'의 부분집합에 해당한다. 이러한 구별을 주장할 때 특히 주목해야 할 것은 다음 내용이다.

> 나는 여기에서, 처음부터 의무에 어긋난다고 인정받아야하는 모든 행위를, 그것들이 이런저런 목적에 도움이 된다 하더라도 무시하겠다. 이들 행위는 이미 의무에 어긋나기 때문에, 그것이 의무에서 비롯된 행위인지 아닌지는 전혀 문제가되지 않기 때문이다. (『윤리형이상학 정초』)

애초에 의무에 어긋나는 행위를 배제하고 의무에 맞는 행위만을 조준하며 더 작은 부분집합인 '의무에서 비롯한 행위=도덕적으로 선한 행위'를 밝혀내는 구도가 여기에 확실히 드러나 있다.

칸트의 관심사는 의무에 맞는 행위 중, 의무에서 비롯한 행위를 한정하기 위해서는 어떤 조건이 필요한가였다. 의무에 반하는 행위는 '이미 의무에 어긋나기 때문에, 그것이 의무에서 비롯된 행

위인지 아닌지는 전혀 문제가 되지 않는' 것이다. 그림①을 참조
하기 바란다.

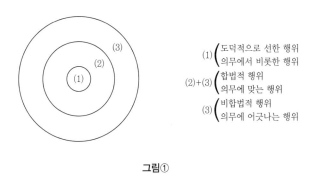

(1) $\left\{\begin{array}{l}\text{도덕적으로 선한 행위}\\\text{의무에서 비롯한 행위}\end{array}\right.$

(2)+(3) $\left\{\begin{array}{l}\text{합법적 행위}\\\text{의무에 맞는 행위}\end{array}\right.$

(3) $\left\{\begin{array}{l}\text{비합법적 행위}\\\text{의무에 어긋나는 행위}\end{array}\right.$

그림①

 칸트 윤리학은 '엄격주의Rigorismus'라고 불린다. 선한 행위(합법한
행위)의 기준을 엄격하게 정하고 있기 때문이 아니다. 칸트는 이른
바 행실이 바른 사람을 한순간도 존경하지 않는다. 오히려 외형적
으로 바른 행위에 매달리는 사람일수록 그 동기가 완전히 흐려진
것은 아닌가 하는 의문의 눈초리를 거두지 않는다. 도덕적 선은
행위의 외형이 아니라 전적으로 동기에 있다. 그것은 숨어 있어서
눈에 보이지 않기에, 그리고 인간은 누구나 자신의 동기를 직시하
려 하지 않기에 매우 엄격한 태도로 확인해야 한다.
 '의무'는 다음 네 종류로 분류된다. 괄호 안은 칸트가 든 구체적
인 예시다.

 (1) 자기 자신에 대한 완전한 의무(자살해서는 안 된다)

(2) 타인에 대한 완전한 의무(거짓 약속을 해서는 안 된다)

(3) 자기 자신에 대한 불완전한 의무(더욱 완전해져야 한다)

(4) 타인에 대한 불완전한 의무(타인에게 친절해야 한다)

앞 두 가지는 '완전한 의무vollkommene Pflicht'이며, 그것을 실행한다고 해서 칭찬받지 않지만 그것을 실행하지 않으면 비난당할 의무다. 자살하지 않더라도, 혹은 계약을 이행하더라도 (당연하기에) 특별히 칭찬받지 않지만, 자살하거나 계약을 실행하지 않으면 비난받는다.

한편 뒤 두 가지는 '불완전한 의무unvollkommene Pflicht'이며, 완전한 의무와는 반대로 그것을 실행하면 칭찬받지만 그것을 실행하지 않더라도 비난받지 않는 의무이다. 더욱 완전해지고 타인에게 친절해지면 칭찬받지만, 더욱 완전해지지 않거나 타인을 친절히 대하지 않더라도 딱히 비난받지는 않는다.

도덕법칙과 정언명령

칸트는 도덕적으로 선한 행위=의무에서 비롯한 행위의 객관적 타당성을 확립하려 했다. 객관적 타당성이란 자연과학의 법칙처럼, 언제 어디서든 어떤 상황이라도 보편적·필연적으로 타당해야 한다는 의미다. 따라서 칸트는 도덕 '법칙Gesetz'이라는 단어를 취했다. 법칙이란 보편적·필연적으로 타당한 성격을 품고 있기 때문이다. 또한 행위의 도덕적 선이란 행위의 내용이 아니라 '형식'에 존재한다. 형식이란 자연법칙이 물체와 물체의 관계에 관심을 품는 것과 마찬가지로, '관계'를 의미한다.

> 도덕성은 의지의 자율에 대한 행위의 관계, 바꿔 말하면 의
> 지의 준칙에 의한, 가능한 보편적 입법에 대한 행위의 관계
> 다. (『윤리형이상학 정초』)

여기에서 관계란 행위와 의지(준칙)의 관계를 말한다. 어떤 행위 내용이 담겨 있든지 간에 도덕적으로 선한 행위에서 의지(준칙)와 행위의 관계는 보편적·필연적으로 성립한다.

그렇다면 그 관계란 구체적으로 어떤 것일까. 이 물음에 이끌려 '정언명령'이라는 개념이 등장한다.

'의무'라는 개념과 상응하여 칸트 윤리학은 '……을 하라'처럼 일정한 행위를 명령하는 윤리학이다. 그러나 '만약……라면, ……을 하라'라는 형태의 '가언명령hypothetischer Imperativ'은 도덕적으로 선한 행동을 명할 수는 없다. 왜냐하면 어떤 명령이 '만약 X라면 Y를 하라'라는 가언명령의 형태를 지니고 있는 한, 이 명령은 'X가 아닌 경우에는 Y를 하지 않아도 좋다'를 포함하고 있다. 그러는 한, Y는 언제 어디서든 어떤 상황이라도 보편적·필연적으로 타당할 수 없기 때문이다.

이것을 피하려면 명령은 어떤 조건하에 있더라도 'Y를 하라'는 형태를 취해야만 한다. 그것은 즉 'Y를 해야 하므로, Y를 하라'라는 분명한 명령이며, 바로 이것이 '정언명령kategorischer Imperativ'이다.

칸트는 『윤리형이상학 정초』나 『실천이성비판』에서 정언명령을 다양하게 정식화定式化했는데, 결국 다음 두 가지로 수렴한다.

(1) 네 의지의 준칙이 항상 동시에 보편적 입법의 원리로서 타당하도록 행위하라. (『실천이성비판』)

(2) 네 자신의 인격의, 또한 다른 모든 인격의 인간성을 항상 동시에 목적으로써 사용하고 결코 단순한 수단으로써 사용하지 않도록 행위하라. (『윤리형이상학 정초』)

'준칙Maxime'이란 각자의 주관적 규칙, 즉 (아무리 애매한 것이라도) 누구나 가지고 있는 생활신조라 할 수 있다. 이것은 반드시 도덕적으로 선하다고 할 수는 없으며, 때에 따라서는 합법적이지 않을 수도 있다. 가령 어떤 사람은 가능한 한 다른 사람을 속이며 살아가는 것을, 또 어떤 사람은 되도록 게으름을 피우며 살아가는 것을 신조로 삼는지도 모른다. 또 어떤 사람은 타인에게 어떤 피해가 가더라도 자기이익을 최대한 추구하는 것을 신조로 삼는지도 모른다.

나아가 (1)의 명령하에, 각자의 준칙이 '보편적 입법의 원리'가 될 수 있을지를 엄정하게 심문해야 한다. 가령 거짓말을 신조로 삼은 사람이라 해도 '모든 사람이 언제 어디서든 어떤 상황에서도 거짓말을 하는 것'을 의지意志하는가, 하고 자문한다면 부정할 수밖에 없을 것이다. 이렇게 다양한 준칙은 '보편적 입법의 원리는 될 수 없다'고 판정된다. 오직 심문을 견딘 소수의 준칙만이 남겨진다. 그것은 —앞서 예로 들었듯이— '자살해서는 안 된다', '거짓약속을 해서는 안 된다', '더욱 완전해져야 한다', '타인에게 친절해야 한다'와 같은 준칙이다.

여기에서 중요한 점은, 가령 '타인에게 친절해야 한다'라는 준칙이 어떠한 한정의 근거 없이 '타인에게 친절해야 하므로 타인에게 친절해야 한다'라는 정언명령으로 이어져 행위가 실현될 때, 그 행위는 도덕적으로 선한 행위라는 것이다. 이때 '타인에게 친절해야 한다'라는 준칙과 '타인을 친절하게 대한다'라는 행위의 사이에는 필연적 관계가 성립한다. 또한 이 관계는 언제 어디서든 어떤 상황에서도 성립 가능하므로 보편적이다.

그러나 '타인에게 친절해야 한다'라는 준칙이 어떤 한정의 근거, 즉 '자신의 평판을 높일 경우에는'이라든가 '상대방이 고맙게 여긴다면'과 같은 가언명령에 따라 행위로 실현된다면, 자신의 평판을 높일 것 같지 않은 상황이나 상대방이 고마워할 것 같지 않은 상황에서는 타인을 친절하게 대하지 않을 것이므로 준칙과 행위 사이에 필연적 관계는 성립하지 않는다. 따라서 보편적 관계도 성립하지 않는다(그림② 참조).

준칙과 성격

준칙이란 주관적인 규칙이다. 도덕적으로 선한 행위가 실현 가능하려면 우선 각자가 (아무리 악질적인 것이라 할지라도) 준칙을 지닌다는 사실이 전제되어야 한다. 어떤 준칙이든 존재하지 않으면 그것이 보편적 입법의 원리인지 아닌지를 판단할 수는 없다. 이렇듯 선량한 시민은 물론이거니와, 아무리 극악한 사람이라도, 아무리 변덕이 심한 사람이라도, 자신의 주관적인 규칙에 따라 살아간다. 각자의 상황에 맞추어 절묘하게 태도를 바꾸는 사람도 있을 테지만,

전혀 종잡을 수 없을 정도는 아니다. 준칙은 어떤 행동의 준칙이 아니라 어떤 사람의 준칙인 것이다.

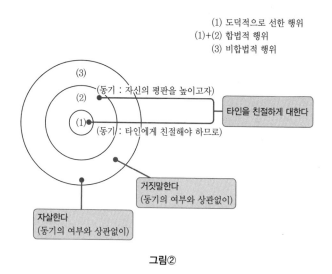

그림②

즉 칸트 윤리학은 너무도 의지 행위의 윤리학 같은 외견을 취하고 있지만, 실은 다양한 '성격Charakter'을 지닌 인간의 윤리학이다. 성격은 '예지적 성격intelligibler Charakter'과 '경험적 성격empirischer Charakter'으로 구별된다. 전자는 이성적 존재자인 한, 인간에게 공통적으로 나타나지만 후자는 각 인간마다 다르게 나타난다.

이것에 상응하여 우리 인간은 '예지계intelligible Welt'와 '감성계 Sinnenwelt'에 양다리를 걸치고 있는 존재자라고 칸트는 말한다. 하지만 이 두 가지의 '세계Welt'는 공간적으로 나뉜 다른 영역이 아니다. 이 이원론에서 플라톤의 이데아와도 닮은 신화적 요소를 빼면, 우리는 '~해야 한다'라는 문법이 지배하는 세계와 '~이다'라는 문법이 지배하는 세계라는, 서로 양립 불가능한 다른 의미의 두 세계에 살고 있는 셈이다.

이러한 도식을 사용하여, 칸트는 범죄에 치닫기 쉬운 인간 유형을 제시했다.

> ······예지자로서의 인간은, ······경향성과 충동이 그의 준칙에 영향을 끼치는 것을 용인한다. 그 결과로서 의지의 이성 법칙에 불이익을 초래한다면, 경향성과 충동에 관대함을 베푼 책임을 져야만 한다. (『윤리형이상학 정초』)

> 이 행위[비합법적 행위]는, 이 행위를 규정하는 모든 과거의 사상과 함께, 그[이성적 존재자로서의 인간]가 스스로 창조해낸 성격이라는 유일한 현상에 소속되기 때문이며······.
> (『실천이성비판』, [ ]는 저자가 보충한 부분, 이하 같음)

이성적 존재자인 인간이 정언명령에 의해 절대적 · 도덕적으로 선한 행위(당연히 합법적 행위)를 명령받았음에도 왜 그것을 위반하여 비합법적 행위를 실현하고 마는가, 하는 앞선 물음에 대한 칸트의 설명은, '성격'이라는 개념을 사용하면 어느 정도 이해할 수 있을지도 모른다. 즉 모든 사람은 예지적 성격을 공유하지만, 더러 어떤 사람은 자신 안에 나쁜 경험적 성격을 키우고 말았기 때문이다. 바꿔 말하면, 경향성을 방치하여 준칙에 (나쁜) 영향을 미치고 말았기 때문이다.

모든 인간은 같은 이성적 존재자로서, 같은 인격을 형성하고, 같은 예지적 성격을 지녔으나, 개중에 어떤 사람은 스스로 범죄에 치닫기 쉬운 경험적 성격을 형성했기 때문에 그것에 대해 책임을 져야 한다는 인격 형성 책임론이 이렇게 완성된다.

그러나 인격 형성 책임론만으로는 악행의 실현 하나하나를 전부 설명할 수는 없다. 어떤 사람이 아무리 '악한 성격'을 키웠다 하더라도 그가 그런 성격을 통해 곧바로, 마치 자연현상처럼 행위를 실현하는 것은 아니기 때문이다.

다음에서 이 문제를 더 깊이 파고들어보자.

명령과 행위 사이

'명령Imperativ'은 절대적으로 의지를 상정한다. 하지만 가령 그것이 아무리 명령으로서 보편적이고 절대적이라 할지라도 ―물체로서의 인간의 몸을 벼랑에서 밀어 떨어뜨리면 필연적으로 낙하하는 것처럼― 도덕적으로 선한 행위를 필연적으로 일으키는 것은 아니다. 정언명령은 칸트의 말을 사용하면 의지를 '상정'하는 단계에 머문다.

> 여기에서 중요한 것은 의지의 규정과 자유로운 의지로서의 의지의 준칙을 규정하는 근거이지, [의지의] 성과가 아니다.
>
> (『실천이성비판』)

명령은 어떤 일을 하는 것은 선하다. 혹은 어떤 일을 하지 않는 것은 선하다고 명한다. 그러나 명령은 어떤 일을 하는 것이 선하다고 지시한다 하더라도, 항상 그것을 실행한다는 보장이 없는 의지를 향해 명령하는 것이다. (『윤리형이상학 정초』)

인간이 아무리 이성적이고 '도덕적으로 선한 행위'란 어떤 것인지 완전히 알고 있다 하더라도 당장 그것을 실행한다는 보장이 없다. 도덕적으로 선한 행위란 무엇인가를 알고 있는 것과 그것을 실행하는 것은 다르다. 둘 사이에는 심연이 가로놓여 있다.

하지만 그 심연은 이중이다.

첫째, 정언명령이 우리에게 절대적으로 명한다 하더라도, 그런데도 우리는 비합법적 행위를 실현하고 만다. 앞서 살펴보았다시피 '어떤 사람은 자기 자신 안에 악한 경험적 성격을 형성한다' 하더라도, 또 우리가 왜 범죄자에게 책임을 묻는지에 대한 질문에 대답할 수 있다 하더라도, 더욱 깊은 곳에 잠긴 물음, 즉 '그는 이성적 존재자임에도 왜 자기 자신 안에 악한 경험적 성격을 형성하고야 마는가?' 하는 질문에 대답할 수는 없다.

둘째, 우리는 가령 합법적 행위를 실행한다 하더라도, 자기사랑에서 비롯한 비도덕적 행위를 실현하고 만다. 사실 그것은 첫 번째 질문보다 훨씬 어려운 문제다. 왜냐하면 첫 번째 질문은 외형적인 범죄자에 관한 물음이지만, 이것은 모든 인간에 관한 물음이기 때문이다. 우리는 도덕법칙에 대한 존경에 근거한 동기로 행위하도록 절대적으로 명령받으면서도, 누구나 거의 모든 경우에 그것에 어긋나는 자기사랑에서 비롯한 동기에 따라 행위하고 만다.

도덕적 선을 실현하라는 정언명령은 그 절대적인 위력에도 불구하고 왜 모든 인간이 거의 모든 경우에 그것을 어기고 마는 것일까. 왜 절대적으로 명령받고도 행위로 실현되지 않는 것일까. 이 물음은 칸트 윤리학에서 가장 어려운 문제라 할 수 있을 것이다.

칸트는 『실천이성비판』까지는 이 물음에 정면으로 맞서지 않았다. 칸트가 추구한 것은 '의지를 규정'하는 단계에서 도덕적 선의 절대적 확실성이었다. 이성적 존재자는 '어떤 것을 해야 한다고 의식하고 있기에 그것을 할 수 있다'(『실천이성비판』)는 칸트 윤리학의 골격을 이루는 논리 또한 이 단계에 머물러 있다. 여기에서 가능성은 유기체로서, 혹은 사회를 형성하는 인간으로서 다양한 조건을 고려한 가능성이 아니라, 오로지 실천이성의 측면에서 본 가능성이다. 현실에서는 누구 하나 실현할 수 없더라도, 실천이성의 논리에 의하면 절대적으로 확실하므로 실현 가능하다는 뜻의 가능성이다.

하지만 이 모든 것을 인정하면 인정할수록 다시 한 번 앞서 제기한 단순한 물음이 고개를 든다. 도덕적 선을 실현하라는 정언명령은, 그 절대적인 위력에도 불구하고 왜 모든 인간이 거의 모든 경우에 그것을 등지고 마는 것일까. 실천이성이 그만큼 위대하다면, 그 절대적 확실성을 알면서도, 그 실현을 방해할 수 있는 위력을 가진 것은 대체 무엇이란 말인가. 칸트는 『종교론』에서 '근본악'이라는 개념의 근거로서, 이 물음에 정면으로 도전했다(제대로 된 해답을 제시한 것은 아니지만).

목적으로서의 인간성

나아가 정언명령 (2)는 '이론'으로서는 구멍투성이이며, 매우 빈약하다. 다시 한 번 쓰겠다.

네 자신의 인격의, 또한 다른 모든 인격의 인간성을 항상 동시에 목적으로써 사용하고 결코 단순한 수단으로써 사용하지 않도록 행위하라.

이 말에는 칸트의 인간관이 여실히 드러나 있다. 즉 이 정식定式에 있는 정언명령은 칸트의 인간관(그 배후에는 가장 넓은 의미에서 기독교적 인간관이 있다)을 밑바탕에 깔고 있지 않으면 도저히 이해할 수 없다.

……인간이 무엇을 위해(무슨 목적으로) 현실에 존재하는가를 이제 더는 질문할 수 없다. 인간의 현실적 존재는, 최고의 목적 그 자신을 포함하며, 인간은 최대한 전 자연全自然이 그 최고 목적을 따르게 할 수 있다. ……따라서, 인간은 창조의 궁극 목적이다. (『판단력비판』, ( )는 원저자(칸트)의 기술. 이하 같음)

이러한 '사상'에 힘입어 정언명령의 제2식에서 '목적'과 '수단'이라는 대개념은 다양한 구체적 사례로 이어진다.

'인간성Menschheit'이란 책임 주체로서의 '인격Person'과는 달리, 동물적 소질을 지니는 유한한 이성적 존재자로서의 인간이어야 하는 모습이다. 인격과 다른 점은, 특히 인간의 몸을 생각하면 이해하기 쉽다. 인간의 몸은 분명 유기체(동물) 중 하나지만 동물의 몸을 수단으로 삼듯, 인간의 몸을 절대 수단으로 삼아서는 안 된다는 것이다. 다만 자신의 신체를 수단으로써 사용하는 경우라도, 노인의 무거운 짐을 날라 주거나, 물에 빠진 어린아이를 구하는 것은 금지하지 않았다. 그러므로 다소 동어반복이기는 하나 인간의 몸을 비합법적 행위를 실현하기 위한 수단으로 삼아서는 안 된다는 말이다. 소나 돼지의 고기를 먹는 것은 금지하지 않지만 인육을 먹는 것을 금지하는 것도 여기에서 도출된 논리다.

하지만 경계에 있는 예는 얼마든지 생각할 수 있다. 치아나 혈액, 장기 등 자기 몸의 일부를 판매하는 것은 '부분적 자살 partialer Selbstmord'(『윤리형이상학』)이므로, 비합법적 행위로 간주된다. 그런데 가령 오 헨리의 소설에 나오는 것처럼 자신의 머리칼을 팔아서 남편의 생일 선물을 사는 젊은 아내의 행위는 금지되어야 할까? 칸트는 이것에 대해 매우 근접한 부분까지 고찰했다.

신체의 일부를 이루지만, 신체의 기관이 아닌 것. 예를 들어 머리를 자르는 것은 그 자신의 인격에 대한 범죄로는 칠 수 없다. 이 경우라도 그 사람이 외적 이익을 목적으로 하는 경우에는 무죄가 아니지만. (『윤리형이상학』)

젊은 아내가 머리칼을 판 행위는 아무리 남편에 대한 사랑에서 비롯한 행위라 할지라도 '외적 이익을 목적으로 한 것'이기 때문에 칸트에 의하면 유죄(즉 비합법적 행위)인 셈이다. 하지만 조금만 생각해보면 이보다 더 판단하기 어려운 문제는 헤아릴 수 없이 많이 일어난다. 칸트는 자신의 몸을 수단으로 삼아서는 안 된다고 했다. 칸트의 인간관에서 보면 스트립 바에서 춤을 추거나 포르노에 출연하는 것은 당연히 금해야 한다. 그렇다면 곡예사는 어떤가? 운동선수는? 패션모델은? 배우는? 칸트는『윤리형이상학』에서 다양한 경계 예시를 제시하며 '결의론決疑論적 문제kasuistische Fragen(결의론이란 사회적 관습이나 교회, 성서의 율법에 비추어 도덕적인 문제를 해결하려는 윤리학 이론을 가리킨다—역자 주)'라고 논하고 있지만, 그것에도 한계가 있으며 그 이상의 사례는 등장하지 않는다.

다시 정리해보자. 무엇이 목적으로서의 인간성에 적합한 행위인가는 무엇이 합법적 행위이고 무엇이 비합법적 행위인지에 따라 판정된다. 그리고 그 판정은 직접 정언명령만을 통해서 내릴 수 없다. 정언명령에 현대 및 사회의 통념과 칸트 고유의 인간관(가치관)을 겹쳐야 비로소 도출 가능한 것이다.

형식으로서의 악

칸트에게 선의 내용이 당장 문제되지 않는다면 악의 경우라도 내용이 문제가 아니라는 사실을 알 수 있다. 형식으로서의 악이란 무엇일까. 그것은 역시 의지 혹은 동기와 행위의 '관계'다. 형식으로서의 선이, 선의지 혹은 도덕법칙에 대한 존경에서 비롯한 동기와 그것을 통해 실현된 행위의 관계였던 것처럼, 형식으로서의 악이란 선의지가 아닌 의지, 즉 자기사랑의 동기에서 비롯한 의지와 그것을 통해 실현된 행위의 관계다.

바꿔 말하면 정언명령을 따르지 않는 의지 혹은 동기가 행위를 일으킬 때, 그것은 악한 행위(비합법적 행위)이거나, 합법적 행위라 할지라도 도덕적으로 악한 행위이다.

원래라면 이곳에 도덕적으로 선도 악도 아닌 '무관무견adiaphora'이라 불리는 광대한 영역이 펼쳐져야 한다. 정언명령에 따르지 않는 행위라도 '전철을 탄다'든가 '커피를 마신다'든가, 혹은 앞서 본 것처럼 '머리칼을 자른다'와 같이 도덕적으로 선하다고 할 수는 없어도 특별히 나쁘지는 않은 행위는 얼마든지 있기 때문이다. 하지만 칸트 윤리학에서는 ─그것을 시사하는 대목은 있지만─ 이러한 행위가 차지하는 고유의 이론적인 장소는 없다.

마찬가지로 합법적 행위 중에서도 도덕법칙에 대한 존경에서 비롯하지는 않았더라도 자기사랑에 점철되지도 않은 행위 또한 생각할 수 있겠지만, 칸트 윤리학의 경직된 구조는 그런 중간 영역을 허용하지 않는다. 이것이야말로 칸트 윤리학의 엄격주의라 할 수 있으며, '근본악'이라는 사상을 준비하는 대목이다.

지금까지의 내용을 확인한 후에, 정언명령은 우리에게 도덕적으로 선한 행위를 실현할 것을 절대적으로 명령하지만, 그렇다고 정언명령이 도덕적으로 선한 행위를 절대적으로 실행하게 하는 것은 아니다. 그런데도 우리는 종종 도덕적으로 악한 행위를 실현하기 때문이다.

우리가 도덕적으로 선한 행위를 실현하지 않고, 도덕적으로 악한 행위를 실현하고 마는 것은 준칙을 도덕법칙으로 잘못 보편화했기 때문이 아니다. 이성적인 한 (즉 모든 인간은) 보편화할 수 없는 준칙을 잘못 보편화하여 (가령 '약속을 어겨야 한다'와 같은 준칙을 보편화함으로써) 결과적으로 비합법적 행위를 실현하는 것은 불가능하다. 다수가 이성적인 한, 올바른 보편화 능력이 있을 것으로 간주하기 때문이다.

다시 정리해보자면 우리가 빠지는 악은 이중 구조로 되어 있다.

우선 첫째로 우리는 정언명령에 의해 '약속을 지켜야 한다'라는 준칙이 보편적 법칙으로서 성립한다는 것을 인정하면서도 종종 약속을 어긴다.

둘째로, 우리는 정언명령에 의해 '약속은 지켜야 한다'라는 준칙이 보편적 법칙으로서 성립한다는 것을 인정하면서도 '약속을 지켜야 하기 때문에 약속을 지킨다'라는 동기가 아니라, '신용이 떨어지는 게 두려워서'라는 동기에서 약속을 지키려 한다. 다음 장에서 고찰하겠지만, 전자는 '도덕법칙에 대한 존경'에서 비롯한 동기라고 바꿔 말할 수 있으며, 후자는 '자기사랑'에서 비롯한 동기라고 바꿔 말할 수 있다.

이 중 칸트가 날카로운 시선을 보낸 것은 두 번째 악이다.

세간에는 '나는 (언젠가) 자살하려 한다'라는 준칙, '나는 (가능한 한) 게으름을 피우려 한다'라는 준칙, '나는 타인을 (가능한 한) 도우려 한다'는 준칙, '나는 약속을 (가능한 한) 지키지 않으려 한다'는 준칙을 도덕법칙으로 보편화할 수 없다는 사실을 알면서도 그것에 한없이 집착하는 사람이 있다. 그는 어떤 사회에 살던 이기적이고 사귀기 힘들며 신뢰할 수 없는 인간으로 간주될 것이다.

칸트는 윤리학 고찰의 대상으로서 주로 이런 인간을 문제시한 것은 아니다. 그들은 칸트가 화살을 겨눌 만큼 해악을 끼치는 인간은 아닌 셈이다. 칸트가 활을 겨눈 대상은 오로지, 외형적으로 합법적 행위=의무에 맞는 행위를 완벽히 수행하면서 동시에 자기사랑이라는 동기에 지배당하는 인간이다. 그들은 사회적으로 '영리'하므로 더욱 위험하며, 사회적으로 가치 있기에 더욱 악하다.

이렇듯 칸트에게는 거짓과 기만으로 가득한 비열한 인간도, 상습 방화범도, 상습 강간범도, 교활한 기회주의자도, 약자를 착취하여 밟고 올라서는 냉혹하고 무자비한 기업가도, 권력에 안주하는 관료도, 악덕 정치가도 악의 모델이 아니다.

절대 아니다. 언제나 외형적으로 선한 행위를 하고, 빈틈없고, 약자를 돕고, 뼈를 깎는 노력을 기울이고, 약속은 반드시 지키고, 모든 법률을 지키고, 현명하고 온화하게 살아가는 선량한 시민이야말로 칸트가 말하는 악의 모델이다. 그가 가장 악하다. 외형적으로 선한 행위를 하면서 내면에는 교묘한 자기사랑의 수로가 나 있는, 그 교묘한 강인함이 악의 전형인 것이다.

비옥한 저지대

『형이상학 서설』에 다음과 같은 유명한 말이 나온다.

높은 탑과 그것을 닮은 형이상학의 위대한 사람들, 이들 양자 주위에는 보통 많은 바람이 분다. 하지만 이들은 나에게 어울리지 않는다. 나의 장소는 경험의 비옥한 저지대다.

이것을 의외의 발언으로 볼지, 아니면 그렇게 보지 않을지가 칸트 윤리학 해석의 갈림길이다. 분명 그는 인간학과 윤리학을 엄격하게 구별했다. 하지만 그 윤리학에는 세세한 인간 관찰이 가득하다. 파스칼이 말하는 '세세한 정신esprit finesse'의 의미가 충분히 발휘되어 있다. 칸트의 시선은 낮다. 신의 아들과 같은 태도가 아니라, 초인의 행위가 아니라, 성인군자의 생활 모습이 아니라, 일상생활에서 살아가는 보통 사람들의 평범한 행위, 그 몸짓이나 눈빛, 혹은 사소한 말 속에 윤리학의 모든 사례가 제시되어 있다. 그곳에서 비옥한 저지대가 펼쳐지기 때문이다.

제2장
자기사랑

누구도 자기사랑의 인력권에서 빠져나갈 수 없다

도덕적으로 선한 행위를 목표로 할 때 가장 걸림돌이 되는 것은 '자기사랑'이다. 자기사랑의 독특한 강인함은 뜻밖의 장소에 숨어 있다. 칸트는 『인간학』 제2절 「에고이즘에 대하여」의 첫 부분에서 다음과 같이 말했다.

> 인간이 '나'[라는 말]에 따라 자기 자신을 말하기 시작하는 날부터, 그는 그 사랑하는 자기를 허용되는 한 짜냄에 따라 에고이즘은 멈추지 않고 전진한다. 그것은 노골적이지 않게 (노골적이면 타인의 에고이즘과 대립하므로) 언뜻 자기 부정적이며 겸손 을 가장함으로써, 더욱 확실히 타인의 판단이 자신에게 탁월 한 가치를 부여하기 위해서, 몸을 숨기고 전진하는 것이다.

칸트의 눈은 정확했다. 바로 '노골적이지 않게 전진'한다는 점이 에고이즘의 위력이자 추악함이다. '겸손을 가장함으로써' 오히려 타인에게 칭찬받고 자신의 에고이즘을 만족하게 할 수 있다는 사 실은 누구나 알고 있다. 이것은 에고이즘에 대한 설명이지만, 자 기사랑에 대해서 칸트는 다음과 같이 말했다.

> 아집Selbstsucht/solipsismus은 자기사랑Selbstliebe, 즉 다른 그 무 엇보다 자기 자신이 좋은 자애philautria이거나, 자기 자신에 만 족하는 자애 즉, 자만arrogantia 둘 중 하나다. 전자는 [독일어 로] 특히 'Eigenliebe'라고 불리며, 또 후자는 'Eigendünkel'이

라고 불린다.

순수실천이성은 자연적인 것으로 간주하여 도덕적 법칙에 앞서서 우리 안에 꿈틀대는 자기사랑을 오로지 도덕법칙과 일치해야 한다는 조건으로 제한함으로써 붕괴시킨다. 그 경우 자기사랑을 이성적 자기사랑이라고 부른다. 그러나 순수실천이성은 '자만'을 그야말로 두들겨 팬다. (『실천이성비판』)

칸트는 여기에서 자기사랑을 '자애Eigenliebe/philautria'와 '자만 Eigendünkel/arrogantia'으로 구별했는데 이 구별은 중요하다. 실천이성은 전자에는 도덕법칙과 일치해야 한다는 조건을 목적으로 내걸고 있지만, 후자에는 그런 여지를 주지 않고 그저 '두들겨 팰' 수밖에 없다. 두 개념의 차이를 깊이 고찰해보자.

'자애'란 인간이라면 누구나 유아 시절부터 지니는 자기 자신에 대한 자연스러운 애착이다. '자신의 것'에 대한 자연스러운 애착이 어느 정도를 넘어서면 '타인의 것'을 침해하더라도 그것을 유지하려 한다. 특히 '자신의 것'이 인간일 때 그런 특징이 현저히 드러나는 듯하다. 정치가는 자신이 선거에서 이기기 위해 다른 유력 후보의 스캔들을 뿌릴 수도 있다. 한 여자는 애인과 살기 위해 걸림돌이 되는 남편을 살해할 수도 있다. 이런 사건은 지극히 반사회적이지만, 그 안에서 단순한 자기사랑을 꿰뚫어보는 것은 어렵지 않다. 그리고 선거에 이기든, 남편과 헤어지든 타인에게 가해를 입히지 않고 목적을 달성하는 방법이 얼마든지 있으므로 그 방법을 알면, 혹은 그 방향으로 노력하면 자연스럽게 사라질 터이다.

이렇게 일반적으로 범죄행위에 치닫는 난폭한 자애를 이성적 자기사랑으로 변하게 만드는 일은 그리 어렵지 않다. 법에 저촉되지 않는 범위 안에서 자기의 생명이나 건강, 명예 혹은 가족이나 재산, 직업을 유지하는 일은 대부분의 경우 그다지 어렵지 않다.

그렇다면 칸트가 몹시 싫어했던 '자만'이란 무엇일까. 그것은 좀처럼 호락호락 하지 않다. '두들겨 팰' 수밖에 없는데, 심지어 그것이 거의 불가능하기 때문이다.

'자만'이라는 것

우선 라틴어 'arrogantia'를 'Eigendünkel(자만)'이라는 독일어로 번역하는 것이 적당한지 아닌지를 생각해보자. 라틴어 문자 그대로 하자면 '오만'이라는 뜻이므로 '자만'으로 바꿔도 크게 위화감은 없다. 단 라틴어의 의미를 살려서 칸트의 문맥과 연결한다는 점에서 보더라도, 그것은 소박한 자만이 아니라 마음 깊은 곳에서 우러나는 오만함을 동반한 자만, 이른바 '완벽히 계산된 자만'이며 '기교 끝의 자만'이라는 것을 명심해야 한다. 이것은 도덕법칙의 가면을 쓴 자기사랑이며, 칸트의 말을 빌리자면 '자기 자신을 입법적으로 간주하여 무조건적 실천적 원리로 삼는(『실천이성비판』)' 것과 같은 자만이다.

즉 여기에서 말하는 '자만'이란 명백하게 거만한 태도로 자신을 진심으로 높이고 타인을 부당하게 낮추는 등의 상황에서 자주 볼 수 있는 심정이 아니다. 오히려 공동체의 이익을 현명하게 고려하여 자타의 행복에 대해 세심히 배려하며, 심지어 동시에 자신의 명예욕까지 만족하게 하는 태도, 즉 훌륭한 시민의 심정이다.

이것은 쉽게 '두들겨 팰' 수 없다. 사회적으로는 칭찬받으며, 자기 자신도 도덕적인 행위를 실행한다고 착각하여 행복이 증가하기 때문에 '두들겨 팰' 수 없는 것이다.

자기사랑과 정언명령

제1장에서 다룬 정언명령을 다시 한 번 복습해보자. 정언명령이란 'Y를 해야 하므로 Y를 하라'는 명령이다. 하지만 이것만으로는 어떤 도덕적 선을 실현해야 하는지 알지 못한 채 당황할 수밖에 없다. 같은 정언명령이라도 '약속을 지켜야 하므로 약속을 지켜라'가 도덕적 선을 명령하는 것인 데 반해 왜 '자살해야 하므로 자살하라'는 그렇지 않은지에 대해 칸트의 설명은 분명하지 않다.

그 이유는 칸트 윤리학은 합법적 행위를 도려낸 후에, 그중에서 더욱 도덕적으로 선한 행위를 결정할 때 위력을 발휘하므로, 무엇이 합법적 행위인지 판가름하는 단계에서는 거의 도움이 되지 않는다. 여기에서는 '약속 준수' 중에서 도덕적 선으로 보이는 동기에서 비롯한 행위를 도려내는 것이 아니라, 애초에 '약속 준수'를 합법으로 간주하고, '자살'을 비합법으로 간주하는 원리가 요구되므로 칸트로서는 대답하기 힘든 것이다.

칸트는 정언명령을 설명할 때 다양한 사례를 제시했다. 하지만 사례 대부분은 칸트 윤리학의 이론에서 직접 제시한 것이 아니라, 칸트의 자연법 이해와 인간관에서 도출한 것이었다. 칸트는 그것을 어떻게든 자신의 논리학설에서 도출할 수 있다고 논하고 있을 뿐이다. 그러므로 정언명령 자체는 논리적으로 앞뒤가 맞지만, 그것을 각 예시에 적용하는 단계에 이르면 논리적 파탄이 발생한다. 성공한 논증은 타인에 대한 완전의무로서 '거짓 약속을 해서는 안 된다'는 사례 정도다. 타인의 소유권을 침범해서는 안 된다든가, 사람을 죽여서는 안 된다 같은 여타의 법적인 의무를 사례로 들더라도 논증에 성공할 것이다.

하지만 자기에 대한 완전의무의 사례로서 '자살해서는 안 된다'는 논증은 제대로 진행되지 않으며 '(천부적 재능을 키워서 동시에 도덕적으로) 더욱 완전해져야 한다'와 '타인에게 친절해야 한다'라는 불완전의무의 사례에 이르러서는 그저 억지를 부리고 있다는 느낌마저 든다.

이렇게 단정하듯, '타인에 대한 완전의무'가 아닌 칸트의 사례를 잘라내지 않을 거라면, 우리는 정언명령의 추상적 형태와 구체적 사례 사이에 하나의 매개 항을 삽입할 필요가 있다. 『윤리형이상학 정초』에 한 가지 힌트가 있다.

유기적 존재자, 즉 살아가는 목적에 적합하도록 구성된 존재자가 지니는 자연적 소질에 대해 다음을 원칙으로 인정하려 한다. 즉 이러한 존재자는 그 목적에 가장 맞는, 또한 그것에 있어서 가장 어울리는 도구만 도출할 수 있다는 것이다.

(정언명령이 그것에 적용되는 한, 즉 의존적 존재자인 한) 모든 이성적 존재자에게 우리가 현실에 존재하는 것으로서 전제할 수 있는 이른바 한 가지 목적이 있다……그것은 행복 *Glückseligkeit*을 추구하는 의도이다.

인용문에서 '한 가지'라는 부분이 강조되어 있다. 아마도 '유일한'이라는 의미이리라. 이 두 인용문에서 '목적Zweck'은 앞서(제1장에서) 본 '목적 자체로서의 인간'이라는 문맥의 '목적'과는 의미를 달리 한다. 인간이 그 자체로서 목적이라는 것이 아니라, 그러한 목적 자체로서의 인간(그것은 동시에 유기체로서의 인간이다)이 품는 구체적인 목적으로서의 '행복'이 관건이라는 이야기다. 행복을 추구하는 것이야말로 결코 지워지는 일 없는 유기체로서의 인간이 추구하는 목적이며, 이러한 인간관을 정언명령과 겹쳐서 봄으로써, 비로소 정언명령과 다양한 사례 사이에 중간 다리를 놓을 수 있다.

  이렇게 자기사랑이 인간의 행위를 끝없이 휘두르는 그림에 정언명령을 포개보면, 정언명령이란 그 어떤 조건에도 한정되지 않는 명령이 아니라, 실은 자기사랑이라는 조건에 한정되지 않는 명령에 지나지 않는다는 사실을 알 수 있다. 자기사랑이 보편적으로 인간 행위를 마구 휘두르고 있으므로, 조건이 붙어 있지 않다는 것은 바꿔 말하면 칸트의 (윤리학이론의 틀 안이 아니라) 인간관의 틀 안에서는 어떠한 조건에도 한정되지 않는다는 말이다.

  이것과 상응하여 해석하면, 가언명령이란 어떤 조건으로 한정된 명령이 아니라 자기사랑이라는 동기에 조건이 붙은 명령이다. 이러한 고찰에 이르러서야 비로소 우리는 정언명령이 왜 도덕적 선을 끌어내는 명령이며, 가언명령이 그렇지 않은지를 구체적으로 이해할 수 있다.

자살에 대하여

여기에서 '자살해서는 안 된다'라는 자기 자신에 대한 완전의무의 사례를 깊이 고려해보자. 칸트의 논증은 모호하다. 칸트는 '사는 것이 괴로우니까'라는 동기로 자살할 경우, 결국은 '괴로우므로 탈출하자'라는 자기사랑을 동기로 삼은 것이며, 따라서 도덕적으로 선한 행위가 아니라고 말한다. 이것은 논증으로서 성공하지 못했다.

논증으로서 성공한 (타인에 대한 완전의무의 사례로서) '거짓 약속을 해서는 안 된다'의 논증 과정을 떠올려보자. 논증의 중심은 외형적으로 합법적 행위를 실현하더라도 그 동기가 '발각되었을 때 신뢰를 잃어서는 안 되므로'라는 자기사랑에서 비롯한 동기를 배제하는 부정적인 작업이다. '(그냥) 거짓 약속을 해서는 안 되므로'라는 동기만을 끌어내더라도, 그것은 나중에 검토하겠지만, 도덕법칙에 대한 존경(이 경우는 약속을 지키는 것에 대한 존경)이라고 바꿔 말해도, 어딘지 모르게 석연치 않은 기분을 지우기 힘들다. 이 또한 자기사랑을 전혀 섞어 넣지 않은 동기, 즉 자기사랑이라는 동기의 비존재라고 간주하는 편이 훨씬 명확한 이해를 얻을 수 있다.

자살을 예로 들더라도, 논증 과정을 거슬러 올라가면, 비록 '자살하지 않는다'는 합법적 행위를 실현한다 하더라도 그 동기가 '부모님이 슬퍼하니까' 혹은 '자살하는 순간이 무서우니까'와 같은 자기사랑에서 비롯한다면 도덕적으로 선하지 않다고 간주해야 한다.

하지만 칸트의 논증은 이렇지 않다. '자살하지 않는다'라는 합법적 행위의 동기를 검토한 후, 그것이 자기사랑에서 비롯한 경우에는 도덕적으로 선하지는 않으나, 자기사랑에서 비롯하지 않은 경우에는 도덕적으로 선하다고 논증을 전개하지 않는다. 자살은 그 자체가 자기사랑이라는 동기에서 비롯하므로 자살해서는 안 된다는 논증에 칸트는 머물러 있다. 한마디로 논증 형태가 꼬여 있다. 물론 '거짓 약속을 해서는 안 된다'의 경우도 거짓 약속은 그 자체가 자기사랑이라는 동기에서 비롯하므로 해서는 안 된다. 하지만 칸트는 여기에서 더욱 면밀한 논의를 전개했다. 거짓 약속은 자기사랑에서 비롯하므로 해서는 안 되는 행위지만, 거짓 약속을 피하려는 동기 또한 —예를 들어 '신뢰를 잃어서는 안 되므로'와 같은— 자기사랑에서 비롯해서는 안 된다는 것이다.

　다시 말해 자살의 경우에는 '자살하지 않는다'라는 합법적 행위의 동기에 자기사랑에서 비롯한 경우와 그렇지 않은 경우가 있다는 고찰이 완전히 빠져 있다. 왜일까? 칸트가 실감하기에, 그것을 피하는 동기를 묻는 것조차 잊게 할 정도로 자살이라는 행위 자체가 비합법적 행위라는 생각이 강했던 것이 아닐까? 반대로 말하면 거짓 약속이 자기사랑이라는 동기에서 비롯한 것은 당연하지만, 자살의 경우에 그것이 자기사랑에서 비롯한다는 논증을 증명하기란 쉽지 않다. 그러므로 조심스럽게 다루어야 할 필요가 있다고 느낀 것이 아닐까? 심지어 그 조심스러운 논증은 성공하지 못했다.

　왜냐하면 자살은 반드시 '사는 것이 괴로워서'라는 동기에서 비롯한 것은 아니기 때문이다. 인간은 '언뜻 죽고 싶어져서' 자살하는 경우도 있고, 혹은 '인생은 살아갈 가치가 없으므로 자살해야 한다'고 확신하고 자살하는 경우도 있다. 단순히 죽음을 동경하여 자살하는 경우도 있다.

하지만 칸트의 경우 비합법적 행위의 동기는 자기사랑뿐이며, 자살은 비합법적 행위라고 처음부터 정해둔 채 다루고 있으므로, 자살의 동기는 자기사랑에 한정된다. 즉 자살을 처음부터 비합법적 행위라고 단정하는 자세가 강하기 때문에, 왜 자살을 해서는 안 되느냐는 정치精緻한 논증에 이르지 않았다. 더욱이 자살하지 않는 동기를 향해서는 조금도 시선을 주지 않았다.

이렇듯 자살의 경우 칸트의 인간관과 정언명령은 제대로 포개어지지 않는다. 둘 사이에는 간격이 벌어져 있어서 꼭 맞물리지 않는다.

덧붙여 말하자면, 이러한 논증의 무대 뒤에서 칸트가 생각했던 것은 단순명료했다. 바로 자살은 유기적 존재자로서의 인간의 '목적'인 '생명의 보존'에 모순되기 때문에 해서는 안 된다는 것이었다.

불완전의무에 대해서는 자기 자신에 대한 불완전의무의 사례만을 검토하고, 타인에 대한 불완전의무의 사례에 대해서는 (이 장 끝부분에서) '행복'에 대해 고찰할 때 세세하게 다루도록 하겠다.

더욱 완전해지려는 의무

자기 자신에 대한 불완전의무로서 칸트가 제시한 것은 '현재보다 완전해지려고 노력하라'는 것이다. 모든 인간에게는 이런 소질이 있고 그것을 촉진할 의무가 있다는 것이다.

그렇다면 '완전성'이란 무엇일까? 우선, 도덕적 완전성을 의미한다. 그리고 부수적으로 자신의 천부적 재능을 향상하는 것도 포함한다. 그 경우 어떤 재능 개발이라 해도 핵심으로서, 도덕적 완전성의 촉진이 달라붙어 있으므로 의무에 어긋나는 행동을 유발하는 재능(가령 소매치기하는 재능)은 처음부터 배제된다.

이토록 분명하다. 하지만 더욱 완전해지려고 노력하는 의무는 불완전의무로서 '의무에 맞는 행위(합법적 행위)'인데, 이것을 더욱 '의무에서 비롯한 행위(도덕적으로 선한 행동)'로 축소하는 것은 대단히 어렵다. 왜냐하면 완전해지려고 노력하는 의무는 자석이 철분을 끌어당기듯이 자기사랑을 끌어당기기 때문이다.

그러고 보면 정치활동, 경제활동, 학문, 예술, 스포츠, 자원봉사 활동에 매진하면서 스스로 재능을 개발하는 것은 합법적 행위다. 하지만 그 동기에 자기사랑이 손톱만큼이라도 섞이는 것을 인정하지 않기란, 현실적으로 거의 실현불가능하지 않을까?

우리는 자신이 도덕적으로 이전보다 완전한 단계에 이르렀다고 확신했을 때, 그리고 어떤 재능이 이전보다 진보했다고 생각할 때, 기쁨을 느낀다. 그리고 그 기쁨에는 반드시 '자부심'이 섞이는 법이다. 이 경우 가령 도덕적으로 낮은 단계에 머물러 있는 사람을 경멸하는 일이 없다 하더라도, 재능 개발을 게을리한 사람을 깔보는 일이 없다 하더라도, 스스로 이룬 것에 만족하여 자부심을 느끼는 한, 그곳에는 자기사랑이 착 달라붙어 있다. 가령 '자애'를 이성적 자기사랑으로 승화했다 하더라도, '자만'은 결코 완전히 없앨 수 없다.

만약 우리가 공적을 올릴 수 있는 이를테면 아첨을 떠는 것을 우리의 행위에 가져올 수 있다면, 그 동기에는 이미 얼마간 자기사랑이 섞여 있다. (『실천이성비판』)

특히 학자나 예술가, 운동 선수 등 스스로 재능을 꽃피우는 것을 직업으로 삼는 사람은 자기사랑에 뒤덮여 있다. 다른 누구도 아닌 바로 내가 피아노를 치는 것, 바로 내가 유화를 그리는 것, 바로 내가 올림픽 마라톤에 출전하는 것을 욕망하고, 이들 행위에는 개인적 기쁨을 뛰어넘은 가치가 있다고 믿는다. 그러므로 그들은 그런 행위나 행위의 결과가 낳은 작품에 대해 보수(돈뿐 아니라 칭찬이나 존경)를 받는 것은 당연하다고 생각한다. 이 모든 것에는 '얼마간'이 아니라 '방대한' 자기사랑이 달라붙어 있다. 자신의 재능을 꽃피우는 것을 직업으로 삼은 사람은 자기사랑이라는 활활 타오르는 불꽃에서 도망칠 수 없다. 아니, 불꽃을 점점 더 활활 태우며 계속 그렇게 살아갈 수밖에 없다.

사회적 공적은 부채다

모든 사회개혁자나 혁명가는 그의 신념이 아무리 (어떤 관점에서) '옳다' 하더라도, 자신의 신념을 관철하는 것을 자랑스럽게 여기고 만족한다면 (어찌 그렇지 않을 수 있으랴!) 역시나 그 행위 또한 자기사랑에서 비롯한 것이다. 간디처럼, 마틴 루서 킹처럼, 비록 힘든 사람들을 위해 자기를 헌신하며 끝까지 싸운 사람이라도, 싸움 끝에 이룬 이상적 사회가 자신의 이상과 일치한다면 자기사랑으로부터 벗어났다고 할 수 없다. 이러한 문맥으로 비추어볼 때, 다음의 칸트의 지적은 꽤나 '멋지다.'

공적이 있다는 편애적 사상에 따라 의무의 사상을 배제하지 않기 위해서는 그 사람이 인류에 대해 어떤 점에서 지고 있는 부채가, [찾으면] 언제나 찾을 수 있으리라는 것(시민 사회 체제에서 인간의 불평등에 따라 자신은 이익을 누리고 있으나, 그 때문에 다른 사람들은 점점 빈곤해져야 한다는 부채라도 좋다)을 조금 생각하는 것만으로도 좋다. (『실천이성비판』)

수많은 일본인이 바라는 저렴한 소형차를 개발하는 것도 공적에 해당한다. 도쿄東京와 오사카大阪 사이를 가장 빠른 철도로 연결하는 것도 공적이다. 일본어의 특성을 살린 워드프로세서를 발명하는 것도 마찬가지다.

NHK의 인기 프로인 「프로젝트 X プロジェクト X」에서는 이러한 감동적인 '공적'이 곧잘 소개된다. 방송에 등장하는 남자들은 일 자체에 빠져 있으며, 그것이 또한 사회에 보탬이 된다는 사실을 온몸으로 기뻐한다. 그들에게서는 공적을 바라는 자세 같은 건 털끝만큼도 느껴지지 않으며 하나같이 청렴하고 겸손하다.

그 모든 것을 인정한 후에 말하자면, 그들은 의심 없이 자신들의 공적을 자인하고 있으므로(그렇지 않으면 텔레비전에 출연할 리가 있을까? 아니 보도를 허락할 리가 있을까?), 칸트에 따르면 인류에 대해 '부채'가 있다. 정확히 말하면 우리는 그들의 행동에서 부채가 될 만한 것을 언제나 찾아낼 수 있다.

인용문의 괄호 안의 사례에서 힌트를 얻어 자동차를 예로 들어 생각해보자면, 신제품의 히트로 이익을 누리면 누릴수록 경쟁상대(들)의 자존심을 점점 파괴하고, 그들을 비참한 기분에 빠지게 하며, 때에 따라서는 그들 인생을 파멸할 것이 자명하다. 나아가 자동차를 대량으로 미국을 비롯해 다른 나라로 수출하여 현지 자동차 산업을 파멸한 것도 사실이다. 그로 인해 재팬 배싱Japan Bashing이 일어났고 그 결과 수많은 일본인이 불쾌한 경험을 했다. 고속도로가 전국으로 뻗어나가고, 자연환경을 파괴하고, 자동차로 인한 살인을 증대시킨 것도 사실이다.

공적을 세우면 세울수록 사람은 공적에 눈이 멀어 '모든 사람을 행복하게 만들었다'는 환상을 가지는 경향이 있다. 그러니 무리해서라도 눈을 크게 뜨고 자각해야 한다. 그것이 칸트의 제언이다.

한편, 공적이 없으면 자기사랑도 없앨 수 있을까. 그렇지 않다. 아무런 공적이 없더라도 세간의 평범하고 선량한 시민 안에, 매일 반복되는 소박한 생활 속에, 자신에게 만족하고 자긍심을 느끼는 한 그곳에는 자기사랑이(특히 '자만'이) 들러붙어 있다.

한 상점 주인이 300년간 이어져 내려온 간판을 자랑스러워할 때, 한 원장이 삼대에 걸쳐 내려온 의사 집안이라는 가계를 자랑스러워할 때, 그들이 자기사랑에 점철되어 있음은 말할 필요도 없으리라. 심지어 뛰어난 기술을 가졌음에도 성질이 비뚤어지고 처세에 서툴러 빈곤에 허덕이던 장인 아버지를 자랑스러워한다든지, 무학이지만 부지런하여 늘 웃음을 잃지 않고 진심으로 남편과 아이들을 사랑해준 어머니를 자랑스러워하는 사람에게도 자기사랑의 기운이 감돈다. 아니, 나아가 우리는 자신에게 아무런 쓸모도 없는 것을 자랑스럽게 여기는 일도 있는데, 심지어 자신이 나약하고 교활한 인간임을 자랑스러워하기도 한다.

이렇듯 사회에서 우위를 과시하는 사람뿐 아니라, 검소한 생활을 이어가면서 성실하게 살아가는 사람 속에도, 자기사랑은 울창한 숲처럼 우거져 있다.

영리함의 원리

칸트의 시선이 활시위를 겨누는 표적은 ―메피스토펠레스Mephistopheles나 이아고Iago, 스메르자코프Smerdyakov와 같이 잔인하고, 냉혹하며, 비열하고, 저속한 악마의 사신 같은 인간이 아니라― 오히려 이 사회에 적합한 품행이 바른 사람들이다. 이 세상의 법률을 따르고, 그 틀 안에서 이익을 추구하며, 지혜롭게 처신하는 선량한 사람들, 사회에서 범죄자와는 반대 입장에 있는 사람들, 즉 사회에서 웬만큼 성공한 사람들이다.

그들은 날 것 그대로의 자기사랑을 조심스럽게 감추고, 그 모든 것을 이성적 자기사랑으로 변용할 수 있는 척한다. 자기를 주장하고 싶을 때는 사회적으로 배려하는 방식으로, 다양한 효과를 생각해낸 끝에 실행한다. 그들은 '영리함의 원리Klugheitsprinzip'에 따라 움직인다. 왜냐하면 그것이 결국은 자신의 이익이 된다는 사실을 알고 있기 때문이다. 칸트의 시선은 이러한 영리한 사람들의 옷을 벗기기 위해 집요하게, 그리고 가차 없이 그들의 몸으로 향한다.

비합법적 행위를 물리치고 합법적 행위를 실현하는 사람들 대부분은 자기사랑이라는 동기를 발동시켜서 외견을 유지하고 있을 뿐이다. 그들은 왕왕 자신을 도덕적으로도 선하다고 믿고 있기에 그 정체는 한층 도덕적으로 나쁘다. 앞에서도 확인했지만 칸트 윤리학의 관심은 부자연스러울 정도로 한정되어 있으며, 그것은 '(교활하게) 영리한 행위는 도덕적으로 선한 행위가 아니다'라고 한마디로 말할 수 있다. 다음 부분에는 칸트의 단순한 신념이 매우 선명하게 표현되어 있다.

> 도덕성과 자기사랑의 경계는 매우 명료하게, 또 정확하게 나뉘므로 지극히 평범한 사람의 눈에조차 어떤 것이 이쪽에 속하고 저쪽에 속하는지 구별할 때 잘못 보는 일은 절대 있을 수 없다. (『실천이성비판』)

> ……무엇이 의무인지는, 누구라도 자연스럽게 알 수 있다. ……도덕법칙에 따르면, 무엇을 해야 하는지를 판정하는 것은 그다지 어려운 것이 아니므로, 지극히 보통의, 충분히 훈련받지 않은 오성悟性조차, 비록 세재世才에 뛰어나지 않더라도 잘 할 수 있을 것이다. (『실천이성비판』)

이러한 확신에 위화감을 느끼는 사람도 많을 테지만, 칸트가 합법적 행위와 도덕적으로 선한 행위를 구별하고 있다는 사실을 잊어서는 안 된다. 그가 말하려는 바는 무엇이 합법적 행위인지 판정하는 것이 누구에게나 지극히 간단하다는 이야기는 아니다. 어떤 행위가 일단 합법적 행위라고 판정되면, 합법적 행위 중에서 무엇이 도덕적으로 선한 행위인지를 판정하는 일을 누구나 쉽게 할 수 있다는 것이다.

구체적으로 말하면, 합법적 행위, 가령 '약속을 지킨다'는 행위 중에서, 진실성=성실성이라는 동기에서 비롯한 경우(A)와 자기사랑=자기이익의 추구라는 동기에서 비롯한 경우(B)를 비교하면, '지극히 보통의, 충분히 훈련받지 않은 오성조차, 비록 세재에 뛰어나지 않더라도' A는 도덕적으로 선하지만, B는 도덕적으로 선하지 않다고 '쉽게 판단할 수 있다'는 것이다. 비록 현실에서는 종종 간파하지 못하더라도, 성실한 행위를 '도덕적으로 선하다'고 판단하면서 교활한 행위를 '도덕적으로 나쁘다'는 점에서 '잘못 보는 일은 절대 있을 수 없다.'

한편, 합법적 행위에서 일탈하지 않도록 최대한의 자기이익을 추구하는 것은 매우 어렵다.

> ……하지만, 무엇이 영속적 이익을 가져다줄 것인지는, 이러한 이익이 우리의 생존 전체에까지 확대되어야 한다고 간주한다면, 꿰뚫어볼 수 없는 암흑에 덮여서, 이러한 이익을 추구할 실천적 규칙을, 교묘히 예외를 둠으로써, 인생의 다양한 목적에 어떻게든 적응시키기 위해서만이라도, 수많은 영리함을 필요로 한다. (『실천이성비판』)

우리는 행복을 추구한다. 하지만 그것을 손에 넣기 위해서는 날 것 그대로의 자기사랑을 감추고, 영리함을 갈고닦아야 한다는 것도 알고 있다. 자기사랑에 영리함의 옷을 여러 겹 입히고, 이 얽히고설킨 현실 세계에서 최대의 이익을 얻으려고 노력한다. 이 노력은 타인에게도 칭찬받으며, 잘만 풀리면 자기 품에도 다양한 (물질적·정신적) 이득이 굴러들어온다. 우리는 영리함에 이끌려 항상 합법적 행위를 실현하려 한다. 그렇게 외형적으로 선한 행위는 자기사랑에 점철되어 있다.

이렇듯 영리함과 도덕적 선 사이에는 천 리쯤 거리가 벌어져 있다. 아니, 둘은 차원이 전혀 다르다. 인간은 영리해지려고 노력하면 할수록 도덕적 선에서 멀어진다. '영리해져야지' 하고 욕망하는 것, 그 안에 악이 숨어든다. 영리함은 언제나 반드시 교활함을 띤다.

세속적 영리함과 사적인 영리함

칸트는 『윤리형이상학 정초』에서 '영리함'을 두 가지로 나누고 있다. '세속적 영리함weltliche Klugheit'과 '사적인 영리함private Klugheit' 이다.

세속적 영리함은 다른 사람들에 대해 영향력을 지니며, 다른 사람들을 자신의 의도를 위해 이용하는 인간적인 숙련이다. 한편, 사적인 영리함이란 이미 그런 의도를 그 자신의 영속적 이익으로 통합하려는 통찰력이다.

세속적 영리함보다 사적인 영리함이 더 수준 높다. 둘을 구별하는 키워드는 '그 자신의 영속적 이익'이다. 구체적인 상황별로 자신의 다양한 이익을 고려하고 그것을 최대화하기 위해 행위하면, 그는 세속적으로 영리한 사람이다. 하지만 개개인의 경우에 너무나 직접적으로 이러한 의도를 드러내는 사람은 진정한 의미에서 영리한 사람이 아닐 것이다. 반드시 다른 사람의 반감을 사고, 실제로는 타인의 신뢰라는 영속적 이익을 잃기 때문이다. 칸트는 이어서 말했다.

　　따라서 사적인 영리함은 애초에, 세속적인 영리함의 가치
조차 그것으로 돌아가도록 하는 영리함이다. 또, 첫 번째 종
류에서는 영리하지만 두 번째 종류에서는 영리하지 않은 사
람은, 다음과 같이 말하는 것이 좋을 것이다. 즉 그는 빈틈없
이 교활하지만, 결코 전체로서 영리하지는 않다고.

　타인의 신뢰라는 영속적 이익을 얻고자 한다면 그는 앞뒤 재지
않고 눈앞의 이익에 손을 뻗는 태도는 피해야 할 것이다. 우리는
한 개인이 계속 세우는 성공을 무조건 칭찬할 만큼 선량하지 않
다. 반드시 질투라는 감정이 고개를 든다. 그렇다면 사적인 영리
함의 가장 큰 목표인 영속적 이익을 획득하기 위해서, 우리는 타
인의 심리상태를 면밀하게 계산하여 그 변수도 고려한 한층 복잡
한 계산을 해야 한다.
　바로 이러한 영리한 태도가 도덕과 정면으로 대립한다. 이것은
'지극히 보통의, 충분히 훈련받지 않은 오성조차, 비록 세재에 뛰
어나지 않더라도' 누구나 알 수 있는 사실이다. 어떤 사람의 행위
(군)의 배후에서 사적인 영리함의 냄새가 날 때, 우리는 즉각 혐오
를 느낀다.
　어떠한 정치활동, 경제활동, 종교활동, 아니 자원봉사조차 궁극
적으로는 '타인의 신뢰'라는 영속적 이익을 추구하는 것이므로 엄
밀히는 도덕적으로 선할 수 없다.
　첨언하자면 영리함을 충분히 개발하지 않는 '어리석은' 인간이

곧바로 도덕적 선을 실현하는 것도 아니다. 그런 사람이라도 자기사랑이 몸 안에서 불타오르고 있으며, 단지 그는 영리함을 얻는 노력을 하지 않았기에, 혹은 그 재능이 부족하므로, 합법적으로 일탈하고, 때때로 사회에서 탈락한다. 아니면 겨우겨우 합법적 행위에 매달리고 있더라도, 그저 선량함만으로 현실사회에 있어서 영속적 이익을 얻을 수 없을 뿐이다.

도덕적 선함과 순수함

칸트는 순진무구함을 결코 도덕적 선함이라고 간주하지 않았다.

> 순진무구함Unschuld은 훌륭한 것이다. 그러나 잘 보호되지 않고 유혹되기 쉽다는 면에서 매우 곤란한 것이기도 하다.
> (『윤리형이상학 정초』)

도스토옙스키는 『백치』에서 —다양한 해석이 나와 있다는 것을 알고 일부러 단언하자면— 자기사랑이 거의 없다고 할 수 있을 만큼 결여된 인간을 그려냈다. 바로 미슈킨 공작이다. 그는 자기사랑이 이상하리만치 결여돼 있어서 '백치idiot'라고 불린다. 왜냐하면 자기사랑이 결여되어 있다는 것은 그야말로 칸트가 말하는 영리함이 결여돼 있는 것과 마찬가지이기 때문이다.

그렇다면 그는 도덕적 인간일까. 그는 분명 '사랑스러운 liebenswürdig' 인간이나, 딱히 도덕적 인간은 아닌 것 같다. 왜냐하면 그는 너무도 자기사랑이 희박해서 그 안에 '투쟁'이 거의 없기 때문이다.

　　　……인간에게 있어서 항상 가능한 도덕적 상태는 덕Tugend,
즉 투쟁 상태에 있는 도덕적 신념이다. (『실천이성비판』)

　하지만 그를 만난 사람들은 완전히 자기사랑이 결여된 그를 보
고 경악하고 신기하게 여기고 이상하게 신경이 쓰인다. 결국 그에
게 매료되어 휘둘리다가, 결국은 자신의 자기사랑과 싸우기 시작
한다.
　그렇게 미슈킨 공작을 만난 사람은 자기도 모르는 사이에 자기
안의 도덕적 인간을 키워나가는 것이다. 그들은 미슈킨 공작에 의
해 도덕적 상황에 던져지고 말았다. 이 경우 그것에 의한 고민이
심하면 심할수록, 미슈킨 공작에게서 벗어나 '편해지고 싶다'고 생
각하면서도, 다시금 그에게 매달린다. 그 진폭이 거세면 거셀수록
그 사람은 도덕적이다. 즉 마찬가지로 미슈킨 공작의 출현에 충격
을 받으면서 선량한 시민을 계속 연기하는 에판친 가家의 사람들
보다, 계급 때문에 경멸과 배척을 당하는 로고진과 나스타샤 필리
포브나가 훨씬 도덕적이라는 생각이 든다(도덕적으로 선하다 할 수는 없을
지라도).
　다자이 오사무太宰治(20세기 일본 근대문학을 대표하는 작가-편집자 주)와 그
의 소설 주인공들도 도덕적으로 선하지는 않다. 가령 『사양斜陽』에
등장하는 청년 나오지直治가 누이에게 보내는 유서를 보자.

누님.

안 되겠어요. 나 먼저 갈게요.

나는 내가 왜 살아야 하는지, 그걸 전혀 모르겠어요.

살고 싶은 사람은, 사는 게 좋겠죠.

인간에게는 살 권리가 있으니 죽을 권리도 있을 터예요.

……

나는, 나라는 풀은, 이 세상의 공기와 볕 속에서 살기 힘들어요. 살아가기 위한, 어디 한 군데에 결함이 있어요. 모자라요. 지금까지 살아온 것도, 고작 이거였지만, 내겐 최선이에요.

그는 이 더러운 세상 속에서 살아갈 수 없다. '속물'이 되려고 노력하고, 술도 퍼부어보고, 마약에까지 손을 대지만, 아무리 노력해도 다른 사람처럼 '속물'이 될 수 없다.

나는 죽는 게 나아요. 나에게는 어차피 생활 능력이 없으니까요. 돈을 벌기 위해서 다른 사람과 경쟁할 힘이 없어요. 나는 다른 사람을 등치는 것조차 할 수 없어요.

나오지는 이렇게 자살을 택한다. 그의 태도는 언뜻 칸트의 도덕적 선=사실성의 원리에서 비롯한 것처럼 보이지만 사실 그로부터 한없이 멀다. 물론 언제나 철저하게 진실=성실을 지키며 살아가는 것은 현실 세계에서는 실행하기 힘든 일이다. 하지만 그렇다고 해서 마약에 빠져 자기 몸을 망치고 결국 자살에 이른 것도 —멋없다는 것을 각오하고 말하자면— 칸트에 의하면 의무 위반이다.

자기 안의 인격을 존중하지 않고 자신의 인간성을 수단으로 사용하고 있기 때문이다.

다른 시각에서 보자면 나오지의 이러한 자학적 행위도 실은 자기사랑에서 비롯한 것이다. 그는 더럽혀진 인간들 한가운데 섞여 살아가는 것, 나아가 자신마저 더러워지기 싫은 것이다. 그 고통으로부터 도망치기 위해 술을 마시고, 그 고통에서 빠져나오기 위해 자살하는 것이므로, 이 모든 행위로 이끈 동기는 바로 자기사랑이다.

선을 추구하면 악에 빠지는 구조

칸트는 극악무도한 사람이나 선량한 시민, 나아가 미슈킨 공작이나 나오지를 포함해 모든 인간이 선을 추구하고 있다는 사실을 인정한다. 우리 인간은 이성적 존재자인 한, 도덕적 선을 추구하지 않을 수 없다. 하지만 인간은 선을 추구하려 하면, 아니 선을 추구하려고 하기에 선에 그림자처럼 따라붙는 악에 빠져들고 만다. 칸트는 이 잔혹한 필연성을 극명하게 그려내고자 했다.

인간 대부분은 거의 모든 순간에 합법적 행위를 실현하려 한다. 하지만 그것을 강하게 욕망하면 할수록 결과적으로 자기사랑이라는 악취 나는 악이 찾아온다. 합법성을 향해 가는 인간의 의지 그 자체에, 악의 원천이 숨겨져 있다.

이것이 제7장에서 검토할 '근본악'의 기본 구조다. 이 잔혹한 구조를 칸트는 끈질기게 물고 늘어진다.

수많은 인간은 자신의 자기사랑을 자각하고 고민 없이 그것에 몸을 내맡긴다. 심지어 자신 안의 자기사랑을 자각하지 않은 채 거대한 자기사랑의 성을 쌓아 올리기도 한다. 그리고 소수의 도덕적 인간은 자신의 자기사랑을 뼈아프게 자각하고, 그것을 온몸으로 고민하며, 그것에서 빠져나가려고 필사적으로 발버둥 친다. 하지만 그들마저도 결국 그런 노력으로 새로운 자기사랑에 붙들리고 만다.

행복의 추구

도덕적 선과 행복은 어떤 관계일까. 우리는 도덕적 선과 함께 행복을 추구해도 될까. 칸트는 『윤리형이상학 정초』부터 『실천이성비판』을 지나 『순전한 이성의 한계들 안에서의 종교』(이하 『종교론』), 나아가 『윤리형이상학』과 같은 윤리학의 주요 저서를 통해 부정적인 해답을 제시한다. 다만 각각의 저서에 미묘한 주안점의 차이를 두었다.

'행복'이라는 개념의 중심 부분은 유기체로서의 인간이 '생명의 보전과 건강을 추구하는 것'(『윤리형이상학 정초』)인데 그것을 고려한 칸트의 '행복Glückseligkeit'이라는 개념의 사정거리는 꽤 길다.

> 권력, 부, 명예, 건강, 나아가 심신 전체에 걸친 쾌조와 자신이 놓인 상황에 대한 만족 등도 역시 행복이라는 이름의 뿌리에 있다……. (『윤리형이상학 정초』)

> ……인간은 행복이라는 이름하에서, 온갖 경향성 만족의

총체에 동의한다……. (『윤리형이상학 정초』)

> 행복이란 이 세계를 살아가는 이성적 존재자로서, 그의 생존 전체에서 모든 것이 바라는 대로, 뜻대로 되는 상태이다……. (『실천이성비판』)

칸트에게 있어 모든 인간은 비장할 정도로 방대한 욕망을 지닌 존재다. '모든 것이 바라는 대로, 뜻대로 되기'를 바라는 존재다. 이러한 단순한 인간관이 토대를 이루어, 칸트 윤리학이라는 장대한 건축물을 떠받치고 있다. 이 부분을 고려하지 않는다면 칸트 윤리학의 전체, 특히 그 '엄격주의'를 이해할 수 없을 것이다.

인간이라면 누구나, 그냥 놔두어도 열심히 행복을 추구한다. 그러므로 '행복을 추구하라'는 명령은 성립하지 않는다. 명령받지 않아도 부지런히 하는 행위를 새삼스럽게 명령하는 것은 무의미하기 때문이다. 그런 후 ─주목해야만 하는 것이─ 칸트는 '행복을 확보하는 것'을 의무로 간주했다.

> 자기 자신의 행복을 확보하는 것은 (적어도 간접적으로는) 의무다. 왜냐하면 수많은 걱정거리가 밀려들고, 혹은 다양한 욕망이 충족되지 못한 채로 있고, 자신이 놓인 상황에 만족하지 않는 것은 단순히 의무를 뛰어넘는 커다란 원인일 수 있기 때문이다. (『윤리형이상학 정초』)

이 부분을 어떻게 해석하면 좋을까. 너무도 건전하고 상식적인 내용이기에 도리어 당황스럽다.

한 남자가 직장을 잃고 극빈한 생활을 해야 한다고 치자. 그는 역경에도 불구하고 도둑질이나 공갈 등의 나쁜 행위(비합법적 행위)에 치닫지 않고 항상 합법적 행위를 실행하며, 나아가 도덕적 행위마저 실현할 수도 있다. 하지만 그는 그렇게 강하지 않을지도 모른다. 시련을 견디지 못할지도 모른다. 평범한 사람은 주어진 행복을 일부러 버리지는 않는다. 자신을 억지로 시련의 구렁텅이로 몰아가지는 않는다. 우선 행복을 확보한 후에 도덕적 선을 추구하면 되니까.

즉 평범하고 약한 인간 대부분에게 과도한 불행은 왕왕 도덕적 악을 초래하기에, 가능한 한 피해야 한다는 말이다. 억지로 자신을 불행에 내던지지 말고, 자연스러운 형태로 행복을 실현할 수 있다면 손에 넣는 편이 좋다는 것이다.

칸트가 행복을 이렇게까지 직접적으로 긍정한 적은 그의 전 생애에 걸쳐 없었다. 그가 이렇게 행복을 긍정한 이유는 어디까지나 행복이 도덕적 선의 실현을 촉진하기 때문이다. 행복을 직접적으로 (도덕적 선의 실현과 떼어놓고) 그 자체만을 목적에 두고 추구하면 자기사랑이 온통 터져 나와 도덕적 선에 어긋나는 행위를 실현하고 말기 때문이다.

행복을 받을 가치가 있다

도덕적 선을 촉진하는 한, 행복을 추구해야 한다는 말은 '행복을 받을 가치가 있다'는 개념과 일맥상통한다.

선의지는, 그야말로 행복을 받을 가치가 있기 때문에 불가결의 조건을 행하는 것으로 보인다. (『윤리형이상학 정초』)

'행복을 받을 가치가 있다'라는 표현은 이미 『순수이성비판』의 「초월적 논적 방법론」의 「순수이성의 규준」에 등장한 바 있다. '행복을 추구하라'는 명령은 무의미하다. 하지만 '행복을 받을 가치가 있게 행위하라'라는 명령은 성립한다. 왜냐하면 이것은 간접적으로 '도덕적 선을 (최우선으로) 추구하라'라는 명령이기 때문이다. '행복을 받을 가치가 있다'는 개념은 『실천이성비판』에도 이어진다. 그러나 그 내부로 더 깊이 발을 들일 때, 우리는 다음과 같은 '실천이성의 이율배반'에 직면한다.

정립, 행복 추구가 도덕적 선을 조건 지운다.
반정립, 도덕적 선의 추구가 행복을 조건 지운다.

여기에서 성립하는 것은 '행복을 실현한다는 조건하에 도덕적 선을 추구해야 하는가'(정립), 반대로 '도덕적 선을 실현한다는 조건하에 행복을 추구해야 하는가'(반정립)라는 이율배반이다. 즉 이율배반의 반정립 '도덕적 선을 실현한다는 조건하에 행복을 추구한다'는 것이야말로 '행복을 받을 가치가 있다'라는 개념의 구체화다.

하지만 쉽게 알 수 있듯이, 이 이율배반을 형성하는 두 명제는 처음부터 대등하지 않고 '전자는 절대적으로 허위지만, 후자는 절대적으로 허위인 것만은 아니다'라고 판정할 수 있다. 왜냐하면 전자는 실천이성에서 불가능하지만, 후자는 일단 실천이성에서 가능하기 때문이다. 더욱 주목해보면 —앞서(제1장에서) 확인한 것처럼 — 이 경우 가능(혹은 불가능)은 실행 행위의 가능(혹은 불가능)과는 전혀 관계가 없으며, 실천이성 고유의 논리에서 가능(혹은 불가능)하다는 것이다.

그리고 칸트는 나중에 『종교론』에 다다르자 '행복 추구가 도덕적 선을 조건 지운다'는 이율배반의 정립을 '도덕 질서의 전도 Umkehrung'라고 명명하고, 우리 인간은 '자연 본성상von Natur' 이러한 전도에 빠지는 '성벽Hang/性癖'을 지닌다고 말했다. 실천이성의 논리에 따르면, 우리 인간은 '절대적 허위'로 판정된 것을 늘 자연 본성으로 행하고 있다고 한다. 다시 말하자면 이것이 (제7장에서 고찰할) '근본악'이다.

『실천이성비판』에서 『종교론』에 이르기까지, 칸트는 윤리학의 기본 구조를 조금도 변화시키지 않았다. 근본 사상은 일맥상통한다. 하지만 전자에서 후자로 갈 때, 인간을 보는 눈이 크게 바뀌었다. 인간을 실천이성의 측면에서 즉, 선의지나 도덕법칙 측면에서 바라보는 것이 아니라, 인간의 자연본성 측면에서, 즉 악의 측면에서 바라보게 되었다.

고행의 부정

우리 인간은 행복 그 자체를 도덕적 선과 떼어 놓고 직접적으로 추구해서는 안 된다. 하지만 그렇다고 해서 칸트가 식욕 · 성욕 · 물욕 · 명예욕을 철저하게 거부하고 욕망에서 해탈한 청정한 삶을 영위하라고 제안한 것은 아니다.

……순수실천이성은 '우리는 행복에 대한 요구를 포기해야 한다'고 주장하는 것이 아니라, 의무가 문제인 한, '우리는 행복을 전혀 고려해서는 안 된다'라고 주장할 뿐이다. (『실천이성비판』)

칸트는 의도적인 행복의 포기를 부정했다. 이 점에서 종교적 고행을 싫어했다는 사실도 도출할 수 있다.

한편, 승려의 고행은 미신적 공포심에서, 혹은 자기 자신에 대한 위선적인 혐오감에서 자신[의 육체]를 괴롭히며, 육체를 십자가에 매달기도 하지만, 이 또한 덕을 목표로 하기 때문이 아니라, 오직 열광적인 속죄[라는 이익]을 목표로 하는 것이다. (『윤리형이상학』)

칸트 인간관의 건전함이 감촉으로 전해진다. 그러고 보면 행복은 도덕적 선을 종종 방해한다. 하지만 그렇다고 행복을 억지로 발밑에 눌러 놓는다고 해서 도덕적 선을 실현할 수 있는 것은 아니다.

칸트는 「에고이즘에 대하여」라는 주제로 『인간학』의 문을 연다. 그는 인간을 이성적인 측면에서만 바라본 것이 아니다. 그것과 비슷하게, 아니 그 이상으로 유기체(동물), 심지어 사회를 형성하고 문화를 발전시키는 동물 즉, 날 것 그대로의 에고이즘과 자기사랑을 서로 교묘히 숨겨서 사회에서 배척당하지 않도록 세심한 주의를 기울이면서 영리하게 행동하며, 영속적 이익을 추구하는 존재자로 간주했다. 칸트에게 '행복'이란 '모든 것이 바라는 대로 되는 것'인데, 이성적 존재자로서의 인간은 '영리함'을 지니고 그것을 실현하기 위해 최선의 노력을 기울인다.

그리고 칸트는 이 모든 것을 단순히 '악'이라고 단정 짓지 않는다. 행복에 대한 욕구가 도덕적 선에 대한 욕구를 넘어설 때 바로 악이 싹튼다. 행복을 추구하는 것을 단념할 수 있다면 악은 발생하지 않는다. 하지만 그것은 불가능하다. 그 어떤 가혹한 수행을 하더라도 불가능하다. 우리 인간이 집요하게 행복을 추구한다는 사실 그 자체가 칸트 윤리학을 지탱한다. 행복의 추구가 이토록 강력하기 때문에 도덕법칙은 그것에 어울릴 만한 위력을 지녀야 하므로, 결국 그 윤리학은 엄격주의가 될 수밖에 없다.

수년, 혹은 수십 년의 수행(고행)을 통해 이 세상의 욕망에서 해방될 수 있다면, 도덕법칙이 그만큼의 위력을 지닐 필요도 없을 것이다. 하물며 일반인이 일반적인 생활을 영위하면서 도덕적 선을 쉽게 실현할 수 있다면, 도덕적 선에 대한 피땀 흘리는 고찰은 불필요할 것이다. 인간은 그저 손 놓고 있기만 하면 되니까.

따라서 칸트는 에피크로스 학파의 '자족autarkeia'에 대해서도 정면으로 비판한다. 그야말로 칸트의 윤리 사상에서 한없이 먼 사상이 '청빈의 사상' 혹은 '안분지족'이다.

행복은 지극히 자연스럽게 도덕적 선과 융합한다는 사상, 그저 치솟는 욕망을 억제하고 자신의 부족함을 반성하며 주어진 것을 겸허한 마음으로 감사할 수만 있다면, 누구라도 당장 조용하고 맑은 마음 상태에 도달할 수 있다는 사상만큼 칸트의 신경을 거슬리게 하는 것은 없다. 인간의 욕망은 도덕적 선과의 그런 처차원적 화해로 인해 달랠 수 있는 것이 아니다. 방금 말한 것들도 실은 억지로 그렇게 믿으려는 욕망이다. 그렇게 믿음으로써 불타오르는 욕망의 고통에서 도망치고 싶은 자기사랑이다.

행복과 도덕적 선은 그리 쉽게 화합하지 않는다. 우리는 무엇이 도덕적 선인지를 분명히 알고 있다. 하지만 아무리 도덕적 선에 대해 알고 있다 해도, 그것을 실현하려고 노력해도, 도덕적 선은 우리의 몸을 빠져나가 버린다. 실현된 행위가 간신히 외형적으로 도덕적 선과 닮았다 하더라도(합법적 행위), 그 표피를 벗겨보면 자기사랑에 뒤범벅된 오물에 지나지 않는다. 행복을 추구하면서 동시에 도덕적 선을 추구하는 한, 우리는 이러한 운명에서 헤어 나올 수 없다. 이것이 칸트가 본 인간의 모습이며, 바로 여기에서 칸트의 고찰은 시작된다. 언뜻 풀리지 않을 것 같은 이 방정식을 풀려고 노력하는 것. 그것이 윤리학에 대한 칸트의 자세다.

타인을 동정해야 하는가

지금까지 말했듯이 자신의 행복 추구에 관한 칸트의 견해는 명확하다. 하지만 타인의 행복 추구에 관해 논하려 하면 갑자기 모든 것이 복잡한 양상을 띤다.

칸트는 타인에 대한 불완전의무의 예로서 '타인에게 친절해야 한다'를 들었다. 타인에게 친절해야 한다는 말은 타인의 행복을 추구하라는 것이리라. 그리고 다른 의무와 마찬가지로, 타인에게 친절을 베푸는 행위가 도덕법칙에 대한 존경이라는 동기에서 비롯하지 않고, 자기사랑에서 비롯한 동기에서 실현된다면 도덕적 선이 아니라는 이론 구성은 명백하다.

······어디를 가나 동정심이 많은 사람이 적지 않은데 그들은 특히 허영심이나 이기심이라는 동기에서가 아니라, 그저 기쁨을 주위 사람들에게 전파하는 것에 진심으로 즐거움을 느끼고, 또 자신이 부여한 타인의 만족을 크게 기뻐한다. 하지만 나는 주장한다. 이러한 경우, 이러한 행위는, 비록 의무에 맞으며 사랑스러운liebenswürdig 것이라 할지라도, 결코 진정한 도덕적 가치를 지니지 않으며, 역시 [명예나 칭찬, 고무나 존경 등] 다른 경향성과 같은 줄에 서 있다고. (『윤리형이상학 정초』)

이 간결한 문장을 통해 우리는 인간을 관찰하는 칸트의 시선이 얼마나 예리한지 알 수 있다. 또한 그것에서 비롯한 칸트 윤리학의 진수가 숨어 있다. 즉 어떤 사람이 노골적으로 칭찬이나 감사를 요구하는 경우에는, 타인은 즉시 그의 자기사랑을 눈치채고 고개를 돌려버린다. 하지만 인용에 등장하는 '동정심이 많은 사람'의 행위는 '특히 허영심이나 이기심이라는 동기에서가 아니라, 그저 주위 사람에게 기쁨을 전파하는 것에서 진심으로 즐거움을 느끼기' 때문에 타인의 반감을 사는 일이 적다. 그러나 이때 자기사랑은 몸을 숨긴 채 서서히 돌진한다.

여기에까지 이르면 우리는 잔혹한 요구 앞에 서 있다는 사실을 깨닫는다. 타인의 행복을 추구하는 것은 의무이며, 그렇게 행위하는 것이 이성의 명령을 따르는 일이다. 하지만 타인의 행복을 실현하는 것을 '크게 기뻐하는' 한, 결국 자기사랑이 파고든다.

하지만 타인의 행복을 위해 힘쓴 결과 그것이 실현되었는데 기뻐하지 않을 사람이 대체 어디 있으랴. 타인의 행복을 추구하는 것은 앞에서 (불완전)의무라고까지 이야기했다. 하지만 엄밀히 생각하면 우리는 타인에게 친절을 베풂에 따라 의무에 맞는 행위=합법적 행위는 실현할 수 있지만, 거의 대부분의 경우 그 동기가 자기사랑에서 비롯하기에 도덕적으로 선한 행위는 실현할 수 없다.

『실천이성비판』에서는 타인의 행복을 추구하는 것을, 특히 타인에게 동정을 품는 것으로 국한하여 더욱 엄밀히 논의한다.

> 인간애나 동정이라는 만족감에서 사람들에게 선을 베풀고, 혹은 질서에 대한 사랑 때문에, 공정하려는 것은 훌륭한 일이다. 하지만 자신을 지원병으로 간주하고 우쭐하여 의무의 관념을 멀리할 정도로 건방진 태도를 보인다면 ……이러한 것은 우리 행위의 진정한 준칙이 아니다. 즉 인간으로서의 이성적 존재자의 근원에 있는 우리의 입장에 어울리는 준칙이 아니다.

> 동정이나 상냥한 마음에서 나오는 배려의 감정이라도, 만약 그것이 '의무란 무엇인가'라는 고찰에 앞서 [의지의] 규정 근본이 된다면, 깊게 생각하는 사람들은 오히려 귀찮아져서, 그들 스스로 고찰한 준칙을 혼란케 한다. 그러므로 그들로 하여금 그러한 혼란을 빨리 마무리 짓고 입법적 이성에만 복종하고 싶다는 소망을 일으키게 하는 것이다.

여기에도 칸트의 인간관이 선명하게 드러나 있다. 동정에 이끌려 타인에게 친절을 베푸는 것이나 타인이 동정심에 의해 자신에게 친절을 베푸는 것을 칸트가 얼마나 싫어했는지 알 수 있다. 이러한 태도에서 나온 행위는 받는 사람은 '지원병으로 간주하고 우쭐하여 의무의 관념을 멀리할 정도로 건방진 태도'를 느끼는 경우가 많으며, '준칙을 혼란케' 하는 것이다. 결국 타인에게 친절한 것이 의무라고 말하는 칸트 자신도 그것이 정작 현실에서는 충동적인, 혹은 자기도취가 섞인 '동정이나 상냥한 마음에서 나오는 배려의 감정'에서 발현된다는 것을 잘 알고 있었다. 그 외형이 합법적이고 (이른바) 인도적이기에, 그 뒤에 깔린 감성적인 자기만족(자기사랑)이 훤히 들여다보이는 바람에 냄새가 진동하여 자기도 모르게 코를 틀어막고 싶어지는 것이다.

물론 조금 더 깔끔한 동정도 있을 터이다. 하지만 그것은 본인이 거의 자각하지 않더라도 보상의 요구가 따른다. "당신이 기뻐해주는 것만으로도 충분해요"는 사실 엄청난 대가를 요구하는 말이다. 그러나 정작 우리는 둔감하게도 그것을 자각하지 못한다.

자기희생적 행위

또한 칸트는 어떠한 동정도 '상대방을 대등하게 보지 않는다'는 니체와 통하는 관점도 놓치지 않았다. 『아름다움과 숭고함의 감정에 관한 고찰』의 「비망록」에서 칸트는 이렇게 말했다.

친절Gütigkeit은 불평등을 통해서만 성립한다. ……한 인간은 다른 인간과 동등한 가치를 지니므로, 내가 타인에게 부여하는 것과 동등한 크기의 쾌적함을 희생하는 일은 단순하지도 당연하지도 않다. 따라서 만약 내가 그렇게 해야 한다면, 나는 나 자신을 다른 사람보다 불쾌에 관해 더 강하다고 판단해야 한다.

얼어붙는 듯한 추위 속에서 한 사람(A)이 다른 사람(B)에게 한 장의 담요를 건넸다면, A는 자신이 B보다 강하고 B가 자신보다 약하다는 사실을 승인한 것이다. 실제로 그럴 수도 있을 것이다. 그러나 자주, 실제로 A가 B보다 강하지 않은데도, 심지어 B가 더 강함에도, A가 담요를 건네는 경우가 있다. 이른바 자기희생적 행위다.

이것을 칸트는 어떻게 평가할까. 그는 『윤리형이상학』에서 타인에 대한 불완전의무로서의 친절에 관한 '결의론적 문제'로서 다음을 제시했다.

> 타인에 대한 선행 행위에서 우리는 자신의 자산을 얼마나 소비해야 할까. 물론 결국에는 자기 자신이 타인의 자선 행위를 필요로 하는 상황에 이를 때까지 소비해서는 안 된다.

이 문장에서 미루어보자면, 타인에 대한 불완전의무 중에, 자기희생적인 친절은 포함되지 않는 것으로 보인다. 논리적으로는 다음과 같이 말할 수 있을 것이다. 타인에게 친절을 베풂에 따라 자신의 생명이 위험에 빠지는 것은 간접적인 자살이라고 할 수 있다. 하지만 자살 금지는 완전의무이므로, 타인에 대한 친절인 불완전의무보다 우선한다. 따라서 적어도 극단적인 자기희생적 행위는 '자행해서는' 안 된다.

그다지 극단적이지 않은 상황에서 자기희생적 행위가 의무에 맞는 행위=합법적 행위인지 아닌지 판정하는 일은 어려울 것이다. 하지만 자기희생적 행위가 의무에서 비롯한 행위=도덕적으로 선한 행위가 아니라는 사실은 비교적 명확하다. 어머니가 아이를 살리기 위해 한 장밖에 없는 담요로 아이를 감싼 채 본인은 얼어 죽는다 해도, 어머니의 행위는 도덕적으로 선하지는 않다. 그녀는 아이를 '생각해서' 담요를 덮었기 때문이다. 자신이 사는 것보다 아이가 사는 것을 바라는 마음은 그녀의 욕망이자 자기사랑이기 때문이다.

한편 자기가 얼어 죽을 것을 각오하고 곁에 있는 일면식도 없는 사람에게 담요를 건넨다 해도 거기에 '만족'이 있다면 역시 그 안에는 자기사랑이 요동친다.

자기희생적 행위를 할 때야말로 자기사랑은 점점 붉게 타오르는 법이다. 이것은 감동적인 행위이며 사랑해야 할 행위이기는 하나 도덕적으로 선한 행위는 아니다.

이렇게 타인에 대한 친절(동정)을 불완전의무로 간주하면서도, 친절을 실행에 옮길 때는 자기만족이 되지 않도록, 참견쟁이가 되지 않도록, 주의 깊게 실천해야 한다는 신중한 충고문을 쓴 것을 보면, 거의 모든 타인에 대한 친절이나 동정은 '의무에서'가 아니라 '자기사랑에서' 발생한다는 사실을 칸트는 실감했던 것이다.

도덕적 선을 추구하는 한, 타인에게 친절을 베풀 때 그 동기로서 자기사랑의 편린조차 가져서는 안 된다. 그런데도 그토록 거의 실현 불가능한 것을 더욱 강하게 요구한다는 점에서 도덕적 선을 추구하는 칸트의 엄격한 자세를 엿볼 수 있다. 이 구조를 명확하게 주제화해서 제시한 것이 (제7장에서 고찰하겠지만) '근본악'인 것이다.

제3장
거짓말

합법적 행위를 약삭빠르게 행하는 사람들

칸트가 진심으로 증오한 것. 그것은 외형적으로 선한 행위(합법적 행위=의무에 맞는 행위)를 실현하면서 마음속에는 도덕법칙에 대한 존경이 아니라 자기사랑이라는 동기가 소용돌이치는 것이었다. 그것은 —외형적으로 악한 행위(비합법적 행위=의무에 어긋나는 행위)라면 곧바로 고개를 돌릴 수 있지만— 도덕적으로 선한 행위와 외형적으로 구별되지 않는다. 그래서 그 안에 가득 찬 악취를 더욱 견디기 힘든 법이다.

칸트는 무엇이 비합법적 행위인지 마지막까지 분명히 제시하지 않았다. 바로 그런 면이 우리를 온갖 악(그 중심에는 '근본악'이 있다)에 직면시킨다. 여기에서는 우선 상식적으로 살인이나 강간, 방화, 유괴, 공갈, 절도 등을 비합법적 행위로 간주하여 이야기를 진행키로 하자. 그러고 나서 보면, 우리가 외형적으로 악한 행위=비합법적 행위를 실현하는 일은 통계적으로 드물다. 대다수 인간은 어떤 사회에서든 외형적으로 악한 행위(비합법적 행위)를 피하려고 하며, 외형적으로 선한 행위(합법적 행위)를 실현하고자 한다.

> 나로서는, 인간애로 말미암아, 우리의 행위 대부분은 의무에 맞는다는 것을 용인하자. (『윤리형이상학 정초』)

우리는 가만히 놔두면 합법적 행위만을 실현하려고 한다. 하지만 (거의 모든 경우) 도덕법칙에 대한 존경이라는 동기가 아니라, 자기사랑이라는 동기에 의해 합법적 행위를 실현한다. 바로 여기에서 근본악이 싹튼다. 우리가 합법적 행위를 실현하려 하지 않는다면 —그래도 우리는 악에서 몸을 떼어놓지 못하지만—, 적어도 근본악에 붙들리는 일은 없을 것이다. 그야말로 우리가 악한 행위(비합법적 행위)를 필사적으로 피하려 하고, 선한 행위(합법적 행위)만을 실현하려고 하기에 오히려 우리는 상대하기 가장 벅찬 악인 근본악에 붙들리고 마는 것이다. 근본악은 비합법적 행위가 아니라 합법적 행위에 달라붙어서 거대한 나무로 자라난다. 이것이 바로 칸트의 통찰이다. 그 구체적인 메커니즘은 마지막 장인 제7장에서 다루고자 한다.

여기에서는 일단 현상만 확인해두도록 하자. 현대 일본 사회를 살아가는 인간 대부분은 합법성에 얽매인 행위를 실현하려 한다. 가능한 한 약속을 지키고, 타인에게 불만을 느껴도 면전에서 매도하는 일은 피하며, 선물을 받았을 때 마음에 안 든다고 되돌려 보내지 않는다. 지인이 병에 걸리면 그 가족에게 "좀 어떠세요?"라고 걱정 어린 말을 건네고, 상사의 장례식에서는 점잖은 얼굴로 애도의 뜻을 표하며, 친구가 결혼하면 축복한다.

이 모든 것이 외형적으로 선한 행위(합법적 행위)이며, 심지어 자기사랑에 뒤범벅되어 있다는 사실은 분명하다. 자기사랑은 딱히 이기적인 행위에 한정되어 있지 않다. 넓게 보면 행복 추구다. 심지어 자신의 개인적 행복뿐 아니라, 소중한 사람의 행복, 나아가 생판 모르는 남의 행복까지도 포함한다. 그것도 단순히 순간적인 쾌락의 추구가 아니라 앞장에서 본 것처럼 '영리함'을 통해 자신을 향상해서 타인으로부터 영속적 이익을 얻으려는 것이다. 그는 성실히 노력하여 타인에게 최대한 상처 주지 않고 배려하는 태도를 보이며 불만을 속으로 삭인다. 하지만 고행승과는 달리 지상의 쾌락을 특별히 부정하지 않고 재산, 사회적 지위, 명성도 부정하지 않으며, 그저 그것들을 사회적 규범에 따라 영리하게 확실히 손에 넣는다.

그러면서도 결코 사치를 부리는 일 없이, 다른 사람의 의견에 곧잘 귀를 기울이며, 자신에게 늘 비판적인 시각을 취하며, 뼈를 깎는 노력을 기울이기 때문에 사회적 성공을 거두는 일이 많다. 하지만 아무리 성공해도 겸손한 자세를 잃지 않으며, 패배자를 경멸하지 않는다. 수많은 사람이 "그를 따를 거야"라고 외치며 추종한다. 바로 이런 사람이야말로 자기사랑에 목까지 푹 잠겨 있는 것이다.

도덕법칙에 대한 존경

합법적 행위에 '도덕적 선'을 부여하는 것은 동기였다. 그러한 동기에 자기사랑이 전혀 인정되지 않는다는 부정적인 규정은 '도덕법칙에 대한 존경의 감정'이라는 긍정적인 규정에 의해 뒷받침된다. 합법적 행위의 동기가 자기사랑이 아니라 온전히 '도덕법칙에 대한 존경의 감정'에서 비롯했다면 그 행위는 도덕적으로 선하다. 단, 여기에서 말하는 '동기'는 심리상태가 아니다. 그것은 원리적으로 '숨겨져' 있다.

실제로 우리는 아무리 엄격히 조사하더라도, 결코 숨겨진 동기의 배후까지 완전히 찾을 수는 없다. 도덕적 가치에 관해서는 눈으로 보이는 행위가 아니라, 눈에 보이지 않는 행위의 내적 원리가 문제이기 때문이다. (『윤리형이상학 정초』)

칸트는 같은 내용을 훨씬 나중에 출간된 『종교론』에서도 반복한다.

　　……우리는 자기 자신 안에 있는 준칙조차 항상 관찰할 수는 없다. 따라서 행위자가 악인이라는 판단을 경험으로 확실히 정초定礎할 수 없다.

이미 확인한 바와 같이 '동기Triebfeder'란 ―'의지'나 '존경'과 마찬가지로― 심리상태에서 미묘하게 어긋난 행위를 설명하기 위한 논리적 장치이다. 한편, 칸트는 '동기'라는 말을 일상 언어 혹은 심리학 용어로 자연스럽게 연결하는 형태를 취했다. 하지만 또 다른 한편으로, 그것은 경험으로 확인할 수 없는 독자적인 의미를 담고 있다. 그 양의성兩義性을 유지한 채, 명확히 하지 않음으로써, 그 말의 의미는 유지된다.

칸트의 화살촉은 특히 인간 각자의 기만적인 자기해석을 향하고 있다. 그 이야기의 실마리는 『존재와 무』에서 보인 장 폴 사르트르Jean Paul Sartre의 '자기기만mauvaise foi'에 대한 분석과 닮았다.

　　……우리는 자기를 속이고 우쭐해져서, 자신의 행위는 더욱 고상한 동인動因에 의한 것이라고 자만하고 싶어한다…….
(『윤리형이상학 정초』)

따라서 각 사람이 자신의 마음속을 반성하며, '내가 약속을 지키려 하는 동기는 자기사랑에서 비롯한 것이 아니라고' 선언해도 소용없다. 칸트에 따르면 그렇게 말하는 것이야말로 자기사랑의 가장 큰 표출이니까. 이렇게 칸트의 자기사랑론은 경험적 반증을 봉쇄한다.

또 주의해야 할 것은 일반적으로 '존경'은 '쾌Lust'의 감정을 동반하지 않는다는 점이다.

> 존경이 쾌의 감정을 동반하는 일은 별로 없으므로 우리는 어떤 사람을 마지못해 존경한다. (『실천이성비판』)

> ……도덕법칙에 대한 존경은, [도덕법칙에] 위반하는 것이 아닐까 하는 공포, 혹은 적어도 그 걱정과 연관되어 있다……. (『실천이성비판』)

'존경'의 원어인 독일어는 'Achtung'이며, 그것에 호응하는 라틴어는 'attentio'이다. 이것은 차분하고 온화한 감정이 아니다. 오히려 소크라테스를 찾아온 다이몬처럼 우리가 어떤 행위를 실현하려고 할 때 순간적으로 퍼뜩 깨닫는 것이다.

진실성의 원칙

여기에서 다시금 도덕법칙이란 무엇인지 확인해두자. 도덕법칙이란 (제1장에서 고찰한 것처럼) 도덕적으로 선한 행위에서 의지와 행위의 필연적이고 보편적인 '관계'이며, 구체적으로는 준칙과 행위를 연결하는 정언명령이다. 하지만 엄밀히 말하면 도덕법칙에는 이것 외에도 또 하나의 다른 의미가 있다. 바로 '진실성의 원칙'이다.

둘은 서로 겹친다. 하지만 도덕법칙에 대한 존경의 감정이란 전자가 가령 '약속을 지켜야 하기 때문에 지킨다'라는 정언명령에 대한 존경의 감정인데 반해, 후자는 '진실을 진실이기 때문에 존경하는' 감정이다.

둘은 그 자체로는 다른 감정이지만 '약속을 지켜야 한다고 진심으로 생각하고 있기 때문에 지킨다'라는 형태로 자연스럽게 겹쳐진다. 칸트가 생각하는 것도 주로 이러한 경우이므로, 둘은 도덕적으로 선한 행위의 동기로서 똑같이 기능하는 것이다.

진실을 진실이기에 존경한다는 감정의 사례로서 칸트는 다음을 예로 들었다.

> ⋯⋯자기 자신에 대해서 의식하지 않을 정도로 성실한 성격이라고 내가 인정하는, 신분이 낮은 사회적으로는 극히 평범한 한 남자가 있다고 치자. 그러면 가령 내가 욕망하는지와 상관없이, 또 내가 자신의 신분적인 우월을 그에게 잘못 보이지 않도록 하려고 더욱 머리를 높이 들어도, 내 정신은 그 앞에 굴복한다. (『실천이성비판』)

한편, 한 남자를 헨리 8세에 의해 누명을 쓴 앤 불린Anne Boleyn 을 비방하는 무리로 끌어들이려고 했을 때, 따르지 않을 경우 자유, 재산, 나아가 생명조차 빼앗길 위험이 있는데도 단호히 거부한 남자의 이야기를 열 살짜리 소년에게 들려주면, 아이는 다음과 같은 반응을 보일 것이라고 칸트는 말한다.

……그러자, 이 이야기를 들은 소년은 점차 단순한 동의에서 시작해 감탄을, 감탄에서 경탄을, 결국에는 최고의 존경으로 높아져서, 자기도 이와 같은 인물일 수 있다면(……)이라는 발랄한 소원으로까지 치달을 것이다…….

이들 사례에서 알 수 있듯이 '진실성의 원칙'에서 '진실'이란, 객관적 진리, 혹은 절대적인 보편적 진리가 아니다. 오히려 '성실'이라는 말과 교환 가능한, 자신이 진실로 믿는 것, 진실로 느끼는 것, 진실로 바르다고 생각하는 것이다. 그것을 그대로 이야기하려는 것, 그것에 반하는 것, 즉 거짓말을 하지 않는 것이 바로 여기에서 요구된다.

또한, 다음 부분은 일상적 장면에서 거짓말에 대한 칸트의 섬세한 감각을 나타낸다.

……그저 보통 정도의 성실한 사람이라면 누구나 살면서 가끔 다음과 같은 것을 발견하지 않았을까. 즉 딱히 해가 되지 않을 것 같은 거짓말을 하면 불쾌한 분쟁에서 물러설 수 있고, 혹은 자신이 사랑하고 자신에게 도움이 되는 친구에게 이익을 줄 수 있는데도, 몰래 자신의 눈으로 보니 자신을 경멸하는 것은 용서할 수 없다는 이유만으로, 그 거짓말을 단념했다는 것을. (『실천이성비판』)

도덕법칙=진실성의 원칙이란, 생명의 위협을 느껴도 결코 진실을 굽히지 않는다는 숭고한 태도부터, 일상생활에서 타인에게 상처 주지 않으려고, 자기 마음이 불편해지는 게 싫어서 무심결에 '딱히 해가 되지 않는 거짓말'을 하여 그 상황을 넘기려 할 때, '그것은 진실이 아니야!'라고 번뜩 깨닫게 해주는 것까지도 포함할 만큼 광범위하다.

그리 생각하면, 한 사회에서 빈틈없이 영리하게 행동하는 사람의 언동 대부분은 진실=성실이 아니라는 사실을 알 수 있다. 칸트가 파헤치고자 한 부분이 바로 이것이다. 바로 여기에 인간으로서 가장 근절하기 힘든 악이 똬리를 틀고 있다.

여기에 다다르면 우리는 진실성=성실성의 원칙은 중립적인 심리 상태를 의미하는 것이 아니라, 일정한 가치를 포함한다는 사실을 깨닫는다. 즉 진실성=성실성은 애초에 자기사랑과 양립하지 않는 것으로 간주한다. '나는 신뢰를 잃고 싶지 않으므로 약속을 지킨다'는 경우처럼, 자기사랑을 성실히 표명하는 일은 있을 수 없다. 비록 실현되는 행위가 '약속을 지킨다'는 합법적 행위라 할지라도, 그 동기가 자기사랑에서 비롯하는 한, 진실성=성실성의 원칙과 대립한다.

마찬가지로 온갖 비합법적 행위의 동기 또한 자기사랑에서 비롯하기 때문에 진실성=성실성 원칙의 테두리 바깥에 있다. '그가 나를 모욕한 일이 도저히 용서가 안 되어 복수하기 위해 죽였다'든가, '남편을 빼앗은 그녀의 가족을 불행의 나락으로 떨어뜨리기 위해 불을 질렀다'는 말이 아무리 거짓 없는 마음에서 나온 것이라 할지라도, 이들의 말은 비합법적 행위임과 동시에 동기가 자기사랑에서 비롯했다는 이유로, 성실하지 않다.

이렇게 진실성=성실성의 원칙이 도덕법칙의 핵심에 위치하는 한, 그것을 자기사랑과 대립적으로 간주하는 것은 칸트 윤리학의 기본도식에서 보자면 당연한 도출이다.

진실성과 친구의 생명

진실성의 원칙은 일상적인 상황을 벗어나면 이따금 가혹하리만치 극한 상황을 만들어 우리에게 시련을 안겨준다. 여기에서 그 유명한(악명 높은?) 「인간애로부터 거짓을 말할 수 있다는 잘못 생각된 권리에 관하여Über ein vermeintes Recht aus Menschenliebe zu lügen」(이하 「거짓말 논문」)를 조금 상세히 검토해보자.

이것은 같은 시대를 산 프랑스의 작가 뱅자맹 콩스탕Benjamin Constant의 『정치적 반동에 관하여Des réactions politiques』의 한 절로, 칸트가 거짓말에 관한 견해를 비판한 데 대한 답변이다. 콩스탕은 다음과 같이 말한다.

> ……독일의 한 철학자는 다음과 같은 주장마저 한다. 즉 살인자가 우리의 친구를 쫓는 상황에서, 자신이 쫓고 있는 남자가 집 안으로 숨었는지 살인자에게 질문을 받았을 때조차, 그에게 거짓말을 하는 것은 죄라고.

칸트는 자신이 과거에 말한 바를 인정한 후, 「거짓말 논문」의 옳음을 다시금 논증하려 했다. 언뜻 여기에서 칸트는 비상식의 극에 달한 듯 보인다. 콩스탕은 앞의 논문에서 '진실을 말하는 것이 의무라는 도덕적 원칙은, 만약 이것을 무조건, 또 그것만 떼어놓고 다루는 상황은 모든 사회를 불가능으로 만들 것이다'라고 비판했다. 물론 친구가 위험에 빠져 있는데 어디에 있는지 알려줘야 한다는 주장은 너무도 부자연스러운 요구로 보인다. 따라서 지금까지 그런 칸트의 결론을 '완화'하기 위해 다양한 방책이 시도되었다.

하지만 이 결론을 그대로 인정하는 것이야말로 칸트 윤리학의 근간을 이해하는 것이다. 즉 그가 '도덕적 선'으로서 구체적으로 무엇을 생각하고 있었는지를 이해하는 것이며, 나아가 그 비상식적으로 보이기까지 하는 '엄격주의'를 이해하는 것이며, 그야말로 근본악을 이해하는 것이다. 아브라함의 비상식적인 일화(제5장에서 자세히 소개하겠다)에 『성서』의 생명이 숨겨져 있는 것처럼, 「거짓말 논문」의 비상식적인 이야기 속에 칸트 윤리학의 생명이 숨겨져 있다. 이것을 상식에 맞도록 수정하는 것은 ―그야말로 아브라함의 이야기를 상식에 맞춰 수정하는 것이 『성서』의 고귀함을 깎아내리는 것처럼― 칸트 윤리학을 죽이는 일임과 동시에 그것을 무해하고 단조로운 상식 윤리학으로 낮추는 행위다.

칸트 윤리학은 단순하다. 거짓말을 해서 비록 친구의 생명을 구했다 하더라도, '거짓말을 하는 것' 자체는 진실성의 원칙(도덕원칙)에 위반하는 행위이므로 악이며 죄다.

그러나 그 이후 칸트의 고찰은 이유로서는 허술하다. 칸트는 주장한다. 내가 '그가 여기 있다'고 말한다 하더라도, 그는 뒷문으로 도망쳐서 살 수 있을지도 모르지 않는가. 반대로 내가 '그 사람은 여기에 없다'고 거짓말을 했는데 실은 친구가 몰래 집을 빠져나갔고, 살인자가 친구를 발견하고 오히려 죽임당할지도 모르는 것 아닌가. 전자의 경우 나는 무죄지만, 후자의 경우에는 거짓말을 했기 때문에 민사적 고소를 피할 수 없다.

이 평계는 다음과 같은 한계 상황을 상정해보면 도저히 성립하지 않는다는 사실을 알 수 있다. 가령 나치의 유대인 학살처럼 살인자가 찬장에 기관총을 겨누며 "놈이 여기에 숨어 있나?"라고 물을 때, 내가 진실을 말하는 것은 곧 그를 죽이는 일이다. 칸트는 이때 어떻게 대답할까.

더 다양하고 소박한 질문이 떠오른다. 만약 내가 친구에게 "부탁이야. 숨겨줘!"라는 말을 듣고 "좋아"라고 대답한 경우라면 어떨까. 이것은 약속이며, 약속을 지키는 것은 완전의무이므로 이 경우 진실성의 원칙과 어떤 관계에 있는 것일까.

그가 "살려줘!"라고 외치며 우리 집에 도망쳐 들어온 경우에는 어떨까. 나는 그 약속은 도저히 못 지킬 것 같으니 ─왜냐하면 살인자가 집에 쳐들어왔을 때 내가 틀림없이 진실을 말할 테니까─ '거짓 약속은 해서는 안 된다'는 타인에 대한 완전의무를 존중해서 그의 부탁을 져버려야 할까.

이렇듯 다양한 의문이 떠오른다. 하지만 칸트가 설정한 이야기가 아닌 가공의 이야기를 예로 들어서 칸트를 비판하는 것은 의미 없다. 여기에서는 칸트가 명백히 상식에서 벗어나는 것을 알면서, "그는 없다"고 거짓말을 해서는 안 된다는 결론에 집착하는 이유는 무엇인가, 하는 관점에서 재고해보자.

궁색한 거짓말

칸트는 「거짓말 논문」에서 거짓말 전반을 주제로 삼고 있는 것은 아니다. 여기에서 그의 시선이 똑바로 향하는 곳은 '인간애에서 비롯한' 거짓말이다. 상대방을 의도적으로 해하고 이기심을 충족하기 위한 거짓말이 아니다. 그야말로 사랑과 우정, 연민과 동정이라는 미명에서 나온 거짓말이기에 우리는 남의 꾀에 잘 넘어가고 잘 속지만, 정작 그 악성은 잘 보이지 않는다. 그러므로 철저하게 경계해야 한다.

'미명의 거짓말'이 일으키는 해악은 헤아릴 수 없다. 그것은 거짓말을 한 순간에 '선의의 거짓말' 혹은 '궁색한 거짓말'이라는 변명을 준비하고, 나아가 거짓말하는 것을 적극적으로 장려하려 한다.

어디 그뿐인가. 오히려 진실을 말하는 사람을 비난한다. 그것도 선의 이름, 도덕의 이름 아래 말이다.

> 단순한 경솔함 혹은 친절한 마음도 거짓말의 원인이 될 수 있으며, 실제로 선한 목적조차 거짓말로 향할 수 있다. 그렇다 해도 그 목적을 추구하는 이 방법은, 단순한 형식에 의해, 그 인격에 대한 인간의 범죄이며, 그 인간을 자기 자신의 눈으로 보고 경멸해야만 하는 것으로 삼는 비열한 방법이다.
>
> (『윤리형이상학』)

'선의의 거짓말' 혹은 '궁색한 거짓말'은 물론, 일상생활에서 우리는 줄곧 거짓말을 한다. 그 동기는 결국 자기사랑이지만 칸트가

허용하는 것이 하나 있다. 편지의 끝에 쓰는 '매우 순한 당신의 종
이ganz gehorsamster Diener'와 같은 이른바 겉치레 말로서의 거짓말
이다. 왜냐하면 '누구도 이 말에 속지 않기에.'(『윤리형이상학』)

하지만 이 사례를 '결의론적 문제' 안에 넣은 것은 겉치레 인사
말 중에서도 견디기 힘든 예가 있다는 것, 사람을 속이는 예가 있
다는 것을, 그는 잘 알고 있었기 때문이리라.

이러한 경계 사례를 포함하여 선의의 거짓말 혹은 궁색한 거짓
말은 크게 두 가지로 분류할 수 있다.

첫째, 우리 몸을 지키기 위해서다. 즉 우리의 행복이라는 자기
사랑을 위해서다. 자신의 연장선상에 처자식, 부모, 형제자매, 애
인, 친구 등이 위치하며, 자기와 친밀한 사람의 행복을 지키기 위
해서 우리는 엄청난 거짓말을 한다. 이 또한 확대된 자기사랑이다.

심지어 그것에 그치지 않는다.

둘째로, 우리는 세상에 있는 (생판 모르는) 남의 행복을 지킨다는
명목 아래, 엄청난 양의 거짓말을 한다. 타인을 상처 입히고 싶
지 않다는 이유로, 타인을 배려하는 마음으로 거짓말을 한다. 둘
은 연관되어 있다. 타인을 상처 입히고 싶지 않다는 동기의 이유
는 ―그 사람이 상처받는 것을 진실로 원하지 않는 경우도 있지만
― 종종 그를 상처 입히면 자신이 불쾌한 기분이 들기 때문이다.
자신의 가혹한 말에 의해, 그 사람이 우울증이라도 걸리면, 자살
이라도 하면, 혹은 그 사람에게 원한을 사면, 그 사람이 복수라도
하면, 귀찮기 때문이다. 결국, 역시 자신이 불쾌해지는 것을 피하
고자, 즉 자기사랑을 만족하게 하기 위해서다.

뛰어난 교사는 "우리 애는 어떤가요?"라고 걱정스러운 얼굴로

바라보는 학부모에게 교육적 배려의 차원으로 "잘 하고 있습니다"라고 거짓말을 한다. 지인에게 어떤 전시회의 초대권을 받았을 때도, "안 가고 싶은데요"라고 대답하지 않고 "꼭 가고 싶은데, 부득이하게 선약이 있어서"라고 거짓말을 하고, 차마 의리를 저버리지 못하고 결국 전시회를 본 후에, 엄청 실망했어도 "훌륭했어요"라고 절찬한다.

고부간의 갈등이 있을 때 남편은 "어머니, 나 싫어하지?"라고 묻는 아내의 질문에 대해 "그래, 싫다더라"라는 대답 대신, "싫긴. 정말 좋다고 하셨어"라고 거짓말을 하고 "며느리는 나 귀찮다고 하지?"라는 어머니의 질문에 "네. 귀찮대요"라는 대답 대신에 "그럴 리가요. 계속 함께 살고 싶대요"라고 거짓말을 한다. 그는 현명하고 배려 깊은 남편이자 아들이다.

이렇게 우리는 선량하게 살려 하면 할수록, 타인을 배려하면 할수록, 거짓말에 또 거짓말을 더할 수밖에 없다. 이 악을 어떻게 떨쳐내면 좋을지, 주어진 상황이 너무 어려운 나머지 당황스럽기만 하다.

사랑과 거짓말

확고하게 마음속 깊은 곳까지 내려가서 명석한 자각을 토대로 사랑을 제일 원칙으로서 실천하는 사람의 행위도, 칸트에 의하면 도덕적으로 선하지 않다. 왜냐하면 '진실성의 원칙'보다 '사랑'을 우선하는 사람은 그야말로 사랑 때문에 끊임없이 거짓말을 할 것이기 때문이다. 다시 「거짓말 논문」의 사례를 돌이켜보면, 그야말로 숨은 사람이 '친구'이기 때문에, 상식과의 사이에 큰 틈이 생긴다.

칸트에게 사랑은 도덕적 선보다 우선되는 것이 아니다. 친구이건, 애인이건, 부인이건, 자식이건, 부모건 '그를 사랑하기 때문에'라는 동기는 역시 자기사랑에 흡수된다. 사랑하는 사람에게 다정하게 대하거나, 그 행복을 바라는 일은 명령할 필요도 없이 누구나 행하는 일이다. 물에 빠진 아이가 아들이기에 구하는 행위는 전혀 도덕적으로 선하지 않다. 왜냐하면 사랑하는 아들을 죽게 하는 것은 견딜 수 없다는 생각, 즉 자기사랑이 부글부글 끓고 있기 때문이다. 오히려 사랑하지 않는 사람에게, '적'에게 다정하게 대하는 것이야말로 도덕적으로 선한 행위이다.

> 인간에 대한 사랑은 분명 가능하지만 명령 당할 수 없다. 왜냐하면, 명령대로 누군가를 사랑하는 것은 인간의 능력 중에는 없기 때문이다. 따라서 모든 법칙의 어떠한 핵심을 보더라도 이해되는 것은 실천적 사랑*praktische Liebe*뿐이다. (『실천이성비판』)

여기에서 칸트는 기독교의 아가페에 가까워진 듯하다. 하지만 그 표층을 벗겨보면 칸트 윤리학에 일관되게 흐르는 기본 논조는 기독교의 가르침과는 무한히 떨어져 있다.

사랑을 최우선으로 삼는 것이 기독교—적어도 『신약성서』의 가르침—라고 단언해도 좋을 것이다. 유명한 「고린도 인들에게 보내는 첫 번째 편지」에는 다음과 같은 말이 있다.

믿음이 있을지라도 사랑이 없으면 내가 아무것도 아니요. 내가 내게 있는 모든 것으로 구제하고 또 내 몸을 불사르게 내어줄지라도 사랑이 없으면 내게 아무 유익이 없느니라.……

그런즉 믿음과 소망과 사랑은 항상 있을 것인데 그중에 제일은 사랑이라.

또 칼 힐티Carl Hilty의 다음 말은 '사랑'을 '도덕적 선'으로 치환하면, 칸트의 주장 그 자체다.

사랑은 다른 그 어떤 것보다 더 인간을 현명하게 만든다. 그저 사랑만이 좋으며, 사람들의 본질과 사물의 실상과의 통찰을, 또 사람들을 구하기 위한 가장 바른 길과 수단에 대한 진정한 투철한 통찰력을 부여해준다.

그러므로 우리는 이 일 저 일에 대해 무엇이 가장 현명한 처치인지를 묻는 대신, 무엇이 가장 사랑의 깊은 방법인가를 묻는 편이 대개 확실하고 좋은 방책이다. 왜냐하면 후자가 전자보다 훨씬 이해하기 쉽기 때문이다. 무엇이 사랑의 깊은 방법인지에 대해서는 재능이 부족한 사람이라도 자신을 속이려 하지 않는 한, 그리 간단히 착각에 빠지는 일은 없다. 하지만 가장 재능이 뛰어난 사람이라도 그저 영리함만으로는 장래에 일어나는 모든 일의 정당함을 예견하고 판단할 수 없다. (『잠 못 이루는 밤을 위하여』)

그러나 칸트 윤리학에서는 사랑보다 도덕법칙(그 중심에는 진실성의 원칙이 있다)에 대한 존경을 최우선으로 삼아야 한다. 사랑하는 사람이건 적이건, 비록 누군가 그들을 괴롭히고(직간접적으로) 죽이려 할지라도, 칸트에 의하면 우리는 절대 거짓말을 해서는 안 된다.

제4장
이 세상 규범과의 투쟁

합법적 행위와 비합법적 행위

칸트 윤리학에서는 무엇이 선한 행위(합법적 행위)이고 악한 행위(비합법적 행위)인지 명시적인 '물음'으로서 발견되지 않는다. 칸트는 소박하게 자연법을 따르는 형태로 살인, 소유권 침해, 계약 파기, 강간, 매춘, 학대 등을 비합법적 행위로 간주한 것으로 보인다.

『자연지리학』에서 칸트는 (당시 유럽인의 상식에서 보면 두려워할) 수많은 세계 각지의 습관을 보고했다. 그것에서 보인 집요하기까지 한 호기심으로 볼 때 칸트는 특히 당시의 유럽인이 따르던 관습을 절대적으로 합법하다고 보지는 않았던 것 같다. 다만 『윤리형이상학』의 첫머리에 꽤 많은 장을 할애해서 소유권의 성립에 대해 논하고 있는 점이나, 위증에 대한 엄격한 시선, 사형 찬성, 매춘이나 동성애에 대한 혐오 등에서 미루어보건대, 당시의 상식 내지는 관습을 상당 부분 인정했던 것 같다. 합법성에 관해 말할 수 있는 것은 아쉽게도 이 정도다. 칸트가 정면으로 논하지 않았기 때문이다.

그의 물음은 '합법적 행위란 무엇인가?'가 아니었다('왜 거짓말을 해야 하는가?', '왜 사람을 죽여서는 안 되는가?'가 아니었다). 그의 물음은 '합법적 행위 중에서 도덕적으로 선한 행위란 무엇인가?'였다.

칸트는 합법적 행위의 보편타당성을 확신한 것이 아니다. 의심한 것도 아니다. 그는 합법적 행위의 보편타당성에 대해 전혀 흥미를 드러내지 않았다. 그가 확신했던 것은 '도덕적으로 선한 행위'의 보편타당성뿐이었다.

이것은 지금까지 봐온 것처럼, 칸트가 각각의 합법적 행위를 논할 때 마지막에 '결의론적 문제'를 거론하고 있다는 사실에서도 알 수 있다. '타인에게 친절을 베푸는 것'은 합법적 행위인데, 그렇다면 '자신의 재산을 잃으면서까지 타인을 돕는 것'은 합법적 행위인가? 라는 질문이 금세 떠오른 것이다.

실은 여기에 칸트 윤리학의 힌트가 더욱 많이 숨겨져 있다. 칸트는 마치 '타인에게 친절한 것'을 보편적이고 합법적 행위인 것처럼 서술하고 있지만 그렇지 않다. 무엇이 친절한 행위인지는 시대나 사회에 따라 달라지기 마련이다. 그런 세세한 내용까지 고려하여 합법적 행위의 한계를 정하기란 불가능하다.

정언명령에서 합법적 행위를 '도출'하려면 한계가 따른다. 그곳에는 다양한 트릭이 숨어 있어서, 칸트가 살던 시대의 사회 통념이나 칸트 개인의 인간관에 비추어 봐야만 비로소 '도출'할 수 있다.

그러나 칸트는 이성적인 한, 모든 인간은 도덕적으로 선한 행위란 무엇인가에 대한 의견이 일치한다고 생각했다. 즉 진실성=성실성의 동기에서 비롯한 행위를 '도덕적으로 선한 행위'라고 간주하고, 자기사랑과 자기이익의 동기에서 비롯한 행위를 '도덕적으로 악한 행위'라고 간주한 점에서는 아무리 극악무도한 사람이라도, 또 아무리 (이른바)선인이라도, 열 살짜리 아이라도, 배우지 못한 사람이라도…… 모두 같은 판단을 내린다. '약속을 지킨다'는 행위의 실현 형태가 같다 해도 그것이 진실성=성실성에서 비롯했는지, 아니면 그늘에서 자기사랑과 자기이익이라는 악취가 나는지는 누구라도 정확히 구분할 수 있다.

즉 —오해받는 일이 많지만— 정언명령은 좋은 행동(합법적 행동)을 도출하기 위한 방식이 아니라, 도덕적으로 선한 행동을 끌어내기 위한 방식이다. 따라서 사실 칸트 논리학에 '무엇이 합법적 행위인가?'라는 물음은 없다. 칸트는 이 물음을 제기한 채 합법적 행위를 막연하게 전제하고 '합법적 행위 중에서 도덕적으로 선한 행위란 무엇인가?'라는 물음을 들고 돌진한다. 이러한 구조에서 볼 때 우리가 '합법적 행위란 무엇인가?'라는 물음을 한번 꺼내면 이 물음은 칸트 윤리학의 초석을 흔들리게 하고 그 장대한 건축물을 뒤흔들게 된다.

물론 도덕적으로 선한 행동을 결정하는 것은 간접적으로 비합법적 행위를 결정하는 것이다. 도덕적으로 선한 행동은 합법적 행위 '안'에 있으므로, 어떤 행위를 비합법적 행위라고 간주해 버리면 논리 필연적으로 그 행위의 동기는 자기사랑에서 비롯한 것이다. 하지만 앞서 검토한 바와 같이 정언명령을 비롯한 칸트 윤리학의 무기만으로 어떤 행동(가령 자살)을 비합법적 행위라고 판정하는 것은 무리가 있다.

이것을 뒤집어서 말하면 이성적 존재자로서의 인간은 무엇이 도덕적으로 선한 행위인지에 관해서는 한 점의 의심도 하지 않지만, 무엇이 합법적 행위이고 무엇이 비합법적 행위인지를 두고는 계속 고민한다는 것이다. 계속 고민해야 한다는 것이다. 진실성=성실성의 원칙을 여기에 적용하면, 그야말로 우리는 '무엇이 선한 행위인가?', '무엇이 악한 행위인가?'라는 물음과 성실히 맞서야 하며 적당히 얼버무려서는 안 된다는 것이다.

모든 인간은 이성적이지만 그중에는 도덕적인 인간(당분간 도덕적으로 선한 사람이 아니라)과 그렇지 않은 인간이 있다. 칸트 자신은 언급하지 않았지만 역시 그 차이는 '성격Charakter'의 차이라 해도 좋을 것이다. 도덕적인 사람은 도덕적 성격을 형성한 것이며 그렇지 않은 사람은 도덕적이지 않은 성격을 형성한 것이다. 도덕적인 성격을 형성한 사람은 도덕적으로 선한 행위가 무엇인지를 알고 있을 뿐 아니라, 나아가 무엇이 합법적 행위이며 무엇이 비합법적 행위인지 진지하게 고민하는 사람이다.

이것은 고전적 문제가 제시하는 '의무의 충돌collisio officiorum'이라는 상황에서 현저하게 드러난다.

의무의 충돌

칸트는 물론 '의무의 충돌'이라는 개념을 알고 있었다. 하지만 『윤리형이상학』에서 아주 조금 소개하는 데 그쳤다.

칸트의 시각에서는 완전의무와 불완전의무가 충돌할 경우 전자를 우선하는 데까지는 도출할 수 있다. 하지만 이것조차 판에 박힌 틀에 끼워 맞춰보면 꽤 기묘한 결론에 도달하는 경우가 있다. 앞서 말한 『거짓말 논문』을 구성하고 있는 논리도 그야말로 완전의무와 불완전의무의 충돌에 대한 해답인 것이다. '거짓말을 해서는 안 된다'는 타인에 대한 완전의무이며, '타인의 행복을 추구하는 것'은 타인에 대한 불완전의무다. 둘이 충돌한다면 완전의무를 우선해야 한다. 비록 이 경우 '타인의 행복을 추구하는 것'이 '타인을 위험에서 구하거나', '타인의 생명을 구한다' 할지라도.

완전의무끼리 혹은 불완전의무끼리의 충돌을 칸트는 고려하지 않았다. 하지만 그것이야말로 살아가는 동안 우리의 양쪽 어깨를 가장 무겁게 짓누르는 도덕적 문제가 아닐까. 이 문제로 인해 수많은 사람이 아파하고 고통스러워하며 절망한다. 따라서 결국 많은 사람은 계속 적당히 얼버무리며 사는 삶을 택하는 것이 아닐까.

앞에 있는 베트남 소년을 죽이지 않으면 네 아들을 죽인다는 궁지에 몰린 병사가 있다. 그에게 유일한 정답은 없다. 그는 어떻게 행위했더라도 '나는 올바르지 않았다'고 고민할 것이다. 바로 그것이야말로 도덕적 태도다. 아들의 목숨을 구하기 위해 베트남 소년을 죽였다면 그는 결코 자신을 용서하지 못할 것이다. 혹은 자신을 빤히 바라보는 베트남 소년의 눈빛 때문에 차마 소년을 죽이지 못했다면 아들을 죽게 한 자신을 책망하게 될 것이다. 베트남 소년을 죽여도, 아들을 죽게 해도, 결국 '그때는 어쩔 수 없었어'라고 읊조리는 일은 없을 것이다. 결정적인 정답이 없다는 것을 알면서도 그는 '과연 나는 어떻게 해야 했단 말인가'라는 질문을 평생 거듭하리라.

칸트의 시야에서 벗어나지만 이 문제를 조금 깊이 들어가 생각해보자.

『거짓말 논문』에서 당신이 거짓말을 한 덕분에 살인자가 물러가고, 그 결과 친구가 목숨을 구했다고 치자. 물론 당신의 거짓말 덕에 친구가 목숨을 구했지만, 거짓말을 한 것은 진실성의 원칙에 위배되므로 당신은 도덕적 법칙의 존경이라는 동기가 아니라 자기사랑의 동기에 의해 비합법적 행위를 실현했음이 분명하다. 그 행위의 악성惡性은 비록 당신이 친구의 목숨을 구했다 할지라도 사라지지 않는다. 이것이 바로 칸트의 엄격주의다. 이것은 비교적 이해하기 쉬울 것이다.

이제부터 정반대의 줄거리를 설정해보자. 당신이 진실을 고하자 살인자가 숨어 있던 친구를 찾아내어 당신 눈앞에서 죽였다.

당신이 그때 '그래도 진실성의 원칙을 지켰기에 나는 올바르다'라고 중얼거린다면 역시 당신은 도덕적이지 않다.

이런 상황은 일상에서도 도처에서 벌어진다. 당신이 비합법적 행위(거짓말)를 실행하며 '어쩔 수 없었어'라고 중얼거려서는 안 되는 것처럼, 비록 당신이 도덕적으로 선한 행위를 실현했다 하더라도 그 결과 타인에게 화를 초래한 경우라면 역시 '어쩔 수 없었어'라고 중얼거려서는 안 된다. 자신을 지켜서는 안 된다.

그렇다면 당신은 어떻게 해야 했을까. 정답은 없다. 다만 당신이 도덕적인 인간이라면 당신이 어느 쪽을 선택하든 '어쩔 수 없었어'라고 중얼거리며 고개를 돌려서는 안 된다는 사실만큼은 분명하다. 당신은 언제까지고 '나는 어떻게 했어야 했나?'라고 자문해야 한다. 비록 그 답을 영원히 얻지 못하더라도.

에놀라게이Enola Gay에 올라타고 히로시마에 원자폭탄을 투하한 군인 한 명이 '나는 명령을 따랐을 뿐이다. 게다가 그것은 지금도, 전쟁 종결을 위해 올바른 선택이었다고 확신한다. 똑같은 상황에서 다시 명령을 받는다 해도 나는 또 폭탄을 투하할 것이다'라고 말했다고 한다. 그는 도덕적이지 않다. 이십만 명 이상의 민간인을 살육한 죄를 반성해야 한다고 말하고 싶은 것이 아니다. 원폭 투하가 없었다면 미일 쌍방에 훨씬 더 많은 사망자가 나왔을 것이라는 추론이 옳은지 여부를 문제시하려는 것이 아니다. 가령(당시의 온갖 추정을 바탕으로) 원폭 투하가 사망자 수를 최소한으로 줄였다 하더라도 그는 도덕적이지 않다. 왜일까. 그가 살육을 정당화하고 그곳에서 사고를 정지시킨 채 태연한 태도를 보이고 있기 때문이다. 나아가 그야말로 자기 자신을 지키기 위해 고개를 돌리고 외

면하고 있으며, 그 모든 행위가 '진실'하지 않기 때문이다.

무엇이 합법적인 행위인가

도덕적으로 선한 행위가 합법적 행위에 한정되어 있고 도덕법칙에 대한 존경이라는 동기에서 비롯한 비합법적 행위를 실현하는 것이 불가능하다면, 도덕적인 사람이란 끊임없이 무엇이 비합법적인 행동인지를 계속 고민하는 사람이다. 왜냐하면 비합법적 행위를 실현하는 것이 곧 도덕적으로 악한 행위를 실현한다는 구조가 형성되어 있는 이상, 그는 비합법적 행위를 하지 않도록 의지意志할 것이기 때문이다. 심지어 칸트 윤리학의 틀에서는 무엇이 합법적 행위이고 비합법적 행위인지, 그 판정법이 제시되어 있지 않다(정언명령은 도덕적으로 선한 행위를 도출하기 위한 판정법이지 합법적 행위를 판정하기 위한 방법이 아니다).

이 불확실함에 더해 인간은 누구라도 특정한 시대, 특정한 공동체 속에 타인과 함께 살아가야만 한다. 그리고 우리는 자신이 살아가는 특정한 시대, 특정한 공동체에서 무엇을 선으로 간주하고 무엇을 악으로 간주하는지에 대해, 그것이 아무리 납득할 수 없는 것이라 하더라도, 완전히 무지하지 않다. 하지만 한편으로 우리는 그 특정한 선악의 기준을 무비판적으로 부여된 것으로서, 이른바 자동적으로 받아들이고 있지만도 않다.

도덕적 인간이란, 합법적 행위란 무엇인지 끊임없이 묻는 사람이다. 선량한 시민은 그저 자신이 살아가는 사회의 규범에 완전히 몸을 담고 살아간다. 하지만 도덕적 인간은 그 규범이 합법적인지 아닌지를 생각하는 사람이다. 비록 그 규범이 비합법적이라 할지라도 곧바로 그것을 뒤집을 수는 없다. 왜냐하면 규범이 불합리하다는 사실이 명백하다 하더라도, 그것에 반항하면 뒤따르는 엄청난 해악을 무시할 수 없기 때문이다. 일반적으로 혁명은 다수의 목숨을 빼앗는 법이다. 인간의 마음을 차갑게 만들고 자신들의 폭력을 정당화하는 오만으로 이끄는 법이다. 적을 증오하고 그 인격을 짓밟는다. 바로 이러한 사실을 알기 때문이다.

합법적 행위가 무엇인지는 여전히 명확하지 않지만, 그래도 그것은 각 사회의 규범과 동일하지 않다고 볼 수 있다. 그렇다면 다음 세 가지 가능성이 열린다.

그림③을 보도록 하자. (ㄱ)은 규범이 합법적 행위 안에 완전히 포함되는 경우다. 누구도 합법적 행위와 규범의 차이로 괴로워하지 않고 살아갈 수 있다. (ㄴ)은 규범이 합법적 행위보다 큰 경우(규범이 엄격한 경우)다. 규범이 확대되어 합법적 행위를 넘어서 있으므로, 많은 사람이 괴로움을 호소한다. 하지만 대다수의 경우는 (ㄷ)에 제시된 것처럼 규범은 어떤 부분에서는 합법적 행위를 포함하고 또 어떤 부분에서는 합법적 행위에서 삐져나와 있다. 불합리한 규범(가령 인종 차별법, 한센병 환자 격리법, 동성애 금지법 등) 속에 갇혀 있는 사람들은 고통스럽지만 또 어떤 사람은 고통스럽지 않다.

박해받는 이들

에도시대江戸時代(1603~1867년)의 키리시탄キリシタン(박해받던 일본의 가톨릭 신자—역자 주)이나 제2차 세계대전 이전의 공산당원은 그 사회에

서 박해받았다. 하지만 그들의 신념은 흔들림이 없었다. 이 경우 그들은 혁명과는 별개의 더욱 암울한, 그래서 더욱 곤란한 상황에 빠졌다.

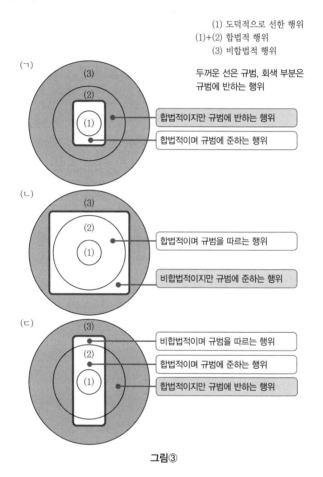

(1) 도덕적으로 선한 행위
(1)+(2) 합법적 행위
(3) 비합법적 행위

두꺼운 선은 규범, 회색 부분은 규범에 반하는 행위

(ㄱ)

합법적이지만 규범에 반하는 행위

합법적이며 규범에 준하는 행위

(ㄴ)

합법적이며 규범을 따르는 행위

비합법적이지만 규범에 준하는 행위

(ㄷ)

비합법적이며 규범을 따르는 행위

합법적이며 규범에 준하는 행위

합법적이지만 규범에 반하는 행위

그림③

한 공산당원 남자가 비록 자신이 '옳다(합법적)'고 확신한다 해도, 그것을 표명하는 것 자체가 사회의 규범에 반한다고 치자. 공동체 속에서 살아가는 그는 결과적으로 자기 주변의 수많은 사람을 소용돌이 속으로 끌어들이게 된다. 장래에 아무 데도 취직할 수 없으니 부모를 부양하기 어려울 것이다. 자매가 있다면 결혼을 못 할지도 모른다. 사람들에게 손가락질받고 일가친척 모두를 불행의 나락으로 빠뜨릴 수도 있다. 생각지도 못한 형태로 불똥이 튀어서 지인이나 친구에게까지 혐의가 씌워져 엄청난 민폐를 끼칠지도 모른다. 스스로가 '옳다'고 믿은 바로 그것으로 인해, 사회를 살아가는 그는 타인에게 절대적인 해악을 끼칠지도 모른다.

이때 그가 '어쩔 수 없는 일'이라고 버티며 주위 사람의 고통을 무시한다면 그는 도덕적이지 않다. 그렇다고 주위의 고통을 차마 눈 뜨고 볼 수 없다며 쉽게 전향해버린다면 마찬가지로 도덕적이지 않다. 그렇게 가볍게 전향할 수 있었던 거라면 그의 신념이란 대체 무엇이었단 말인가. 그가 도덕적이라면 자신에게 주어진 상황에 고뇌하고 괴로워할 것이다. 정답은 없으리라. 또한 물음은 영원히 끊이지 않으리라.

더욱이 그가 아무리 자신의 신념을 '옳다'고 확신하더라도, 그로 인해 아무리 (그에게는) 부조리한 고난을 짊어지고 있다 하더라도, 그는 자기사랑을 벗어던진 것이 아니다. 박해받는 자는 박해받고 있다는 고뇌로 인해 자기사랑에서 벗어났다는 착각에 빠지는 경우가 있다. 하지만 절대 그렇지 않다.

가난한 사람을 돕는 일도, 학대받는 사람들을 그 고뇌로부터 해방시켜주는 일도, 역시 그로 인해 본인이 만족하기 때문에 자기사랑에서 벗어났다고 할 수 없다. 부모가 괴로워하는 모습을 보고 싶지 않다는 이유로 전향한 사람도, 부모가 괴로워하는 모습을 보는 것은 '본인이 괴롭기 때문'이며, '본인이 그 괴로움에서 벗어나고 싶기 때문'이다. 이것이 자기사랑이 아닌 무엇이랴.

이미 검토했듯, 합법성의 기준은 십계나 형법처럼 글로 쓰여 있지 않다. 그러니 각자가 추구하면서 확인해가는 수밖에 없다. 실제로 박해받는 사람들은 몸소 절실한 체험을 통해 '무엇이 합법적인가? 무엇이 비합법적인가?'라고 진지하게 질문을 던지기 때문에 그 질문에 대한 해답을 쉽게 얻을 수 없다는 사실을 잘 알고 있으리라.

부조리하고 받아들일 수 없는 형태로 이 세상 죄를 뒤집어 쓴 사람은 시대나 사회제도에 의존한 상대론에서도, 시대를 넘어선 초월론에서도, 자신이 추구하는 해답은 얻지 못하리라는 것을 알아차렸을 터이다. 그 둘 모두와 결별하고 한 걸음 내디딘 이곳에서, 도덕에 대한 물음이 시작된다는 사실을 느꼈으리라.

이렇듯 역설적이게도 —바로 라스콜니코프처럼— 종종 우리는 사회의 규범에 반할 때 도덕적 인간이 된다. 그 시대나 사회에서 박해를 받는 사람은 이성적이며 도덕적인 한, 자신의 신념을 관철함으로써 주위에 재앙을 초래하는 잔혹한 구조에 자신이 놓여 있다는 사실에 고뇌할 것이다. '대체 어쩌면 좋단 말인가?'라고 끊임없이 의문을 던질 것이다.

도덕적 인간이란 늘 선한 행위를 하는 인간이 아니다. 자신의 신념을 관철하는 것이 타인을 불행하게 하는 구조의 한가운데서 신념을 쉽게 버릴 수도 없고, 그렇다고 자신의 신념 때문에 타인을 불행의 나락으로 떠밀 수도 없어서 계속 고민하고 쉼 없이 흔들리는 사람을 말한다.

도덕성과 세간의 얽매임

도덕적 선이란 저항이 없는 곳에는 자라나지 않는다는 것이 칸트의 기본적인 생각이다. 자기사랑에 뿌리를 두지 않고 합법적 행위를 실행하는 일은 인간으로서는 거의 불가능하다. 그렇기에 그것은 귀중하며 도덕적으로 선하다. 누구나 쉽게 실행할 수 있었다면 딱히 명령받을 일도 없을 것이다. 합법적 행위에 도덕적 선을 부여하는 선의지가 '보석처럼 빛나는'(『윤리형이상학 정초』) 것은 아니리라.

우리가 엄청난 저항을 자각하면서도 정언명령을 따라야 한다고 깨달을 때 비로소 도덕적 선은 발현한다. 저항이 크면 클수록 그 저항을 극복하고 도덕적 선을 실현하는 행위의 가치는 귀하다. 칸트가 염두에 두었던 구체적인 사례를 들어보자.

그런데 여러 가지 불쾌하고 절망적인 고뇌가 인생의 맛을 완전히 빼앗더라도, 이 불행한 사람이 마음을 굳게 먹고 두려워하지도 않으며 의기소침하지도 않고 그의 불운에 분연히 맞서서 죽음을 바라면서도 생명을 유지하려 한다면, 또 그것이 삶을 사랑하기 때문이 아니며 경향성이나 공포에 의한 것도 아니고 의무에 의한 것이라면, 그의 준칙은 도덕적인 내실을 지닌다. (『윤리형이상학 정초』)

이 부분은 도덕적 선은 외적 상황의 가혹함을 극복하고 도달할 수 있을 때 발현한다는 사상을 드러내고 있다. 그러나 내적 상황의 가혹함에 대해서도 마찬가지일 것이다. 즉 자기사랑이 강한 사람이 큰 노력 끝에 그것을 극복하고 도덕법칙에 대한 존경의 마음을 품고 행위로 드러낼 때, 그 행위는 특히 도덕적 가치를 지닌다. 반면, 앞서 미슈킨 공작의 예에서 보았듯이, 자기사랑이 지극히 희박하고 진실성=성실성의 원칙에 따라 도덕적 선을 쉽게 실행하는 사람은 사실 그다지 도덕적이지 않다.

그는 소설 속 인물이지만, 세상에는 자기사랑 함유량이 비교적 적고 허례허식이나 허영심도 옅으며 겸손한 태도가 자연스럽게 배어 나오는 여유를 지닌 채 살아가는 사람들이 있다. 그는 '사랑해야 할' 사람이다. 하지만 그다지 도덕적인 사람은 아니다. '늘 투쟁 상태에 있다'(『실천이성비판』)는 고뇌가 없기 때문이다.

그러므로 자기사랑이 희박한 사람보다 자기사랑이 강한 사람, 자신의 강렬한 자기사랑을 혐오하면서도 그 크나큰 인력권에 돌입해버리는 사람, 그런 '투쟁 상태'에 있는 사람이야말로 도덕적이다.

이렇듯 도덕적인 사람은 사실 자기사랑이 없는 '사랑해야 할 사람'보다 오히려 자기사랑에 눌려 으스러질 것 같은 자의식가인 경우가 많다. 그는 쉬지 않고 필사적으로 자기사랑을 떨쳐버리려 노력하지만, 그럼에도 자기사랑에 따라잡히고 발목을 붙들리고 결국 넘어진다. 이러한 격투 안에서 비로소 도덕성은 그 영롱한 꽃을 피우는 법이다.

나쓰메 소세키는 도덕적이다

이러한 관점에서 다시 보자면 나쓰메 소세키夏目漱石(소설가이자 영문학자로, 메이지시대(1868~1890)의 대문호-편집호 주)는 매우 도덕적인 사람이다. 그리고 그의 소설 속 주인공들『행인行人』의 이치로一郎,『문門』의 소스케宗助,『그 후それから』의 다이스케代助,『피안 지날 때까지彼岸過迄』의 이치조市蔵,『마음こころ』의 선생님,『명암明暗』의 쓰다津田, 그리고 나쓰메 소세키 자신을 그린『한눈팔기道草』의 겐조健三 등은 매우 도덕적이다.

그중에서 그 도덕적인 모습이 선명하게 드러나 있는『마음』을 들여다보자.

'선생님'은 과거 절친한 친구 K의 자살이 자신의 비열한 행위와 관련되어 있다는 사실에 계속 고뇌하다가 결국 자살에 이른다. 그는 친구인 K가 하숙집 딸을 좋아하는 것을 알면서도 K가 자신의 마음을 그녀에게 고백하기 직전에 앞질러서 그녀에게 청혼했다. 그 직후 K는 자살했다. 선생님은 나중까지 이 사건에 계속 끌려다닌다.

선생님이 하숙집 딸에게 청혼하는 행위는 일반적인 의미에서는 합법적 행위도 비합법적 행위도 아닌 중립적인(무기명) 행위이다. 따라서 그 행위의 도덕적 평가는 곧바로 동기로 향한다. 그것은 분명히 자기사랑에서 비롯한 비열한 행위였다. 그것은 변할 수 없는 사실이다. 하지만 그가 괴로워하는 이유는 그때 자신의 비열한 행위를 후회하기 때문이 아니다. 그랬다면 그는 어떤 의미에서 구원받을 것이다. 과거의 자신을 단죄하면 되니까. 그게 아니라 그는 자신이 왜 그때 그런 짓을 했는지 알 수 없어서 괴로워한다. 생각하면 생각할수록 더 알 수 없기에. 하지만 그것은 분명 자신이 한 짓이다. 그렇기에 그 행위는 자신의 깊은 곳에 있는 '악'을 가리킨다. 그는 '왜?'라는 질문을 거듭한다. 답이 없다는 사실을 알면서도 끊임없이 질문을 던진다. 그러기 위해서(만) 살아 있는 것이다.

그는 또 한 명의 라스콜니코프다. 일단은 모든 것을 잊고 하숙집 딸=부인과 살아보려 했다. 모든 것을 털어내고 K의 자살은 '어쩔 수 없었다'고 생각하려 했다. 하지만 아무리 노력해도 허사였다. 선생님은 도덕에 발목을 잡히고 만 것이다. 그는 그야말로 도덕법칙에 대한 '존경'의 감정을 품고 있다. 다시 『실천이성비판』을 인용하겠다.

……도덕법칙에 대한 존경은, [도덕법칙에] 어긋나는 것이 아닐까 하는 공포, 혹은 적어도 그 걱정과 연관되어 있다…….

『마음』에는 선생님이 자신을 윤리적 인간이라고 인정하는 부분이 있다.

……나는 윤리적으로 태어난 인간입니다. 또 윤리적으로 자란 남자입니다. 이 윤리적 사고는 요새 젊은이와 크게 차이나는 부분이 있을지도 모릅니다. 하지만 아무리 틀렸더라도 나 자신의 것입니다.

여기에서 말하는 '윤리적'이란 칸트가 말하는 '도덕적으로 선한' 것과는 다소 어긋나는지도 모른다. 세상의 규범에 얽매여 옴짝달싹 못 할지라도, 결코 거기에서 탈출하지 않고 그 '속'에서 계속 고민하는 인간이 전체를 수놓고 있다. 그러므로 오히려 키르케고르가 『이것이냐 저것이냐』에서, 제멋대로 굴며 변덕스러운 독신의 '미학적 단계'와는 대조적인 의미로 제시한 결혼하여 사회적 책임을 떠안고 있는 '윤리적 단계'의 '윤리적'이라는 의미에 가깝다(이것은 헤겔의 '윤리적'이라는 용법에서 유래한다).

그렇다고 해도 선생님이 자신의 성실함과 마주하고 조금이라도 그것을 숨기지 않고 드러내려고 하는 부분은 칸트 윤리학의 핵심과 통한다. 선생님은 우선 비합법적 행위를 범하지 않았다. 그는 K를 죽인 것도 아니고 K의 자살을 방조하지도 않았다. 그는 그저 비열한 방법으로 K를 앞질러서 K를 간접적으로 자살로 내몰았을 뿐이다. 그의 행위는 소위 경계에 있다.

반대 경우를 생각해보면 잘 알 수 있다. 선생님이 '어쩔 수 없었어'라는 생각을 마음속에 굳히고, 부인에게 '그만 잊어버리자'고 말한 후, 그 사건을 떨쳐버리고 즐겁게 살아간다면 그는 도덕적이지 않다. K의 마음속 심층은 마지막까지 알 수 없다. 선생님에게는 법률적인 책임이 전혀 없다. 선생님을 탓할 사람은 아무도 없다. 과연 그의 비열한 행위가 K의 자살을 '일으켰는지' 여부는 세상이 끝날 때까지 검증도 반증도 불가능하다. 모든 것이 짙은 안갯속에 갇혀 있다. 그렇다면 남은 것은 선생님이 삶을 어떻게 살아가느냐다. 그래도 자신에게 유죄 선고를 하느냐 여부다. 그는 도저히 알 수 없었기에 언제까지고 질문을 되풀이했다.

선생님의 자살은 그 자신뿐 아니라 아내도 끌어들인다. 그는 어렴풋이 삼각관계라는 상황을 알면서도 심지어 K가 자살한 줄 알면서도 그 직후 자신의 청혼을 받아들인 아내를 증오한 것으로 보인다. 아마도 공범으로 여긴 것이리라. 자살은 아내에 대한 최고의 복수다. 왜냐하면 그의 자살로 가장 상처받는 사람은 의심할여지 없이 그녀이기 때문이다. 심지어 바다에서 만난 생면부지 청년에게 자신이 자살하는 이유를 밝혔으면서 아내에게는 단 한마디도 하지 않다니! 그 모든 사실을 그녀가 안다면 살아갈 수 없을정도로 확실한 타격을 줄 터이다. 그것을 알면서도 자살을 택했으므로 그는 이중으로 비열한 행동을 실행한 것이다.

그가 자살하지 않고 평생 물음을 던졌더라면 그는 욥이 되어, 도덕적 삶을 완수했을 것이다.

아들을 죽여야 한다

작가인 고메타니 후미코米谷ふみ子 씨와는 내가 그녀가 쓴 작품을비평한 것을 계기로 인연을 맺었다. 그녀는 제2차 세계대전이 끝난 직후 홀로 미국으로 건너가 유대인인 그린펠트 씨와 결혼했다. 그후 칼과 노아라는 두 아들을 얻었는데 차남인 노아는 중증의 정신장애(폭력성을 동반하는 자폐증)를 앓았다. 그녀와 남편의 고생은 이만저만이 아니었다.

십여 년 전, 그녀와 아사히컬처센터에서 '말하지 않는 일본인'에대해 대담할 기회를 얻었다. 질의응답 시간이 되자 한 참석자에게서 "고메타니 씨, 장애를 가진 아이가 있는데도 그렇게 훌륭하게 살고 계시다니 존경스러워요"라는 말이 날아왔다. 그 부인의 말은 무난한 전형적인 말(세속어), 즉 온몸으로 생각하지 않고 머리 한 구석에서 툭 튀어나온 말이다. 그녀는 "네. 저는 장애아가 있어서 많이 힘들었지만, 그 대신 다른 사람들이 맛볼 수 없는 감동도 맛볼 수 있어서 정말 다행이라고 생각해요"라는 대답을 기대했던 것이 아닐까. 하지만 고메타니 씨는 그렇게 대답하지 않았다. 그녀는 불쑥 한마디를 던졌을 뿐이다. "아무래도 장애 없는 아이가 낫죠."

사람이 하는 말은 얼마나 자신의 색채를 유지하는지가 중요하다. 한 사람의 말은 그에게서 흘러나와 저도 모르는 새에 역류하여 그 사람 속에 자리잡고 피와 살을 만든다. 어떤 사람이 '세속어'밖에 말할 수 없다면, 그 사람은 아무리 외형적으로 합법적인 행위에 매달린다 해도 전혀 도덕적으로 선하지 않다.

그린펠트 씨가 쓰고 고메타니 씨가 번역한 삼부작 『내 아들 노아わが子ノア』, 『노아의 장소ノアの場所』, 『의뢰인 노아依頼人ノア』에 다음과 같은 애달픈 대목이 나온다.

> 여기에서 나는, 고백해야 한다. 노아가 병이 들어 고통 없이 죽어 줬으면, 하고 이따금 바랄 때가 있다는 것을.
>
> (1971년 1월 11일, 노아 네 살)

하지만 지난번에 바닥에서 칼과 노아가 레슬링을 하는 것을 보고, 후미는 칼에게 노아를 질식시키지 않도록 주의를 주었다고 한다.

"만약 경찰관이 보면 네가 노아를 죽이려고 했다고 생각할 거야."

그러자 칼이 그러더란다.

"엄마는 내가 노아를 죽이는 게 더 좋지 않아? 그러면 노아를 보살필 걱정이 사라지잖아."

(1071년 10월 26일 노아 다섯 살, 칼 일곱 살)

오후, 노아를 그네에 태워준다. 이내 흔들림이 잦아들었기에 나는 뒤에서 그네를 밀어 노아를 놀라게 해줄 셈이었다. 그대로 했다. 있는 힘껏. 노아는 땅으로 내동댕이쳐졌다. 줄을 꼭 붙들고 있지 않았던 거다. 아이는 뒤통수를 찧었다. 으앙, 하고 울 줄 알았다. 하지만 노아는 아무 소리도 내지 않았다. 노아가 죽었으면 어떨까. 이상적인 해결법이지 않은가! 나는 그렇게 생각했다.

그것은 정말 한순간의 번뜩임이었다. 내가 안아 세우려고 손을 뻗었을 때, 아이는 큰 소리로 울고 있었다.

(1971년 11월 28일, 노아 다섯 살)

내 문제에 대해서 최선의 해결책은 노아를 죽이는 것밖에는 없다. 노아를 보트로 데려가서 물에 빠뜨리는 거다. …… 나는 자살하기 전에 노아를 죽이고 말 것이다.

(1976년 1월 23일, 노아 열 살)

곧 노아를 죽여야 한다. 그것만 생각했다. 노아 안에 긴 시간 숨어 있던 괴물이, 날이 갈수록 얼굴을 드러내기 시작했기

116

때문이다.

(1976년 11월 29일, 노아 열 살)

그린펠트 씨는 그저 일기 속에서만 '아들을 죽이자'고 생각만 한 것이 아니다. 그는 자신이 정말로 노아를 죽일지도 모른다는 사실을 알고 있었다. 마음 깊은 곳에서 때때로 그렇게 바랐다. 하지만 그는 웬일인지 그것을 그만두었다. 왜일까. 아마 그 자신도 알지 못할 것이다. 다른 그 어떤 이유가 아니라 '아들은 죽여서는 안 된다'는 이유만이 단연 그곳에 있다. 정언명령이 진실성을 띠는 때는 바로 이런 순간이다.

마음속으로 사람을 죽이고 싶다고 생각하는 사람 중에, 어떤 사람은 살인을 단념한다. 또 어떤 사람은 그것을 실행한다. 동기는 알 수 없다. 그것이 전부다.

제5장
의지의 자율과
악에 대한 자유

의지의 자율과 타율

칸트 윤리학에는 '정언명령'과 '도덕법칙에 대한 존경'이라는 기둥과 함께 '의지의 자율Autonomie des Willens'이라는 또 하나의 기둥이 있다. 각각의 개념에 대립하는 개념은 '가언명령', '자기사랑', '의지의 타율'이다.

칸트 해석상에서는 미묘하긴 하지만 의지의 자율은 다른 두 기둥과 크게 다른 기능을 지니는 것으로 보인다. 그것은 합법적 행위 안에서 도덕적으로 선한 행위를 도려내는 원리에 머무르지 않고, 무엇이 합법적 행위이고 무엇이 비합법적 행위인가 하는 물음에 우리를 직면시킨다.

의지의 자율이란 자신이 입법立法하여 스스로 그것을 따르는 것이다. 하지만 이런 설명은 추상적이고 이해하기 어렵다. 자율이란 '타율이 아닌' 것이므로 타율이 무엇인지를 알아보면 자율 또한 구체적으로 이해할 수 있을 터이다.

의지의 타율이란 타인의 지시, 경고, 권고 등에 맹목적으로 따르는 태도이며, 각 사회의 법률, 규범, 관습에 의문을 품지 않고 따르는 태도다.

선량한 시민이 그 사회에서 권장한다는 이유만으로, 장애인을 돕고, 외국인을 환대하고, 매일 다른 사람 모르게 쓰레기를 치운다고 해서, 그의 행위가 도덕적으로 선할 리 없다. 경건한 크리스천이 『성서』에 쓰여 있다는 이유만으로 자살을 단념하고 부모를 공경하고 빈민을 구호한다 하더라도 그는 도덕적으로 선하지 않다.

어떤 행위가 일단 비합법적 행위로 간주되면 그것은 의지의 타율에서 생겨난 것이며, 도덕적으로 선한 행위일 가능성은 없다. 또 어떤 행위가 합법적 행위라 할지라도, 타율이라고 판단되는 한, 그것은 도덕적으로 선한 행위가 아니다. 이렇듯 여기에서도, 한편으로 의지의 타율은 합법적 행위와 비합법적 행위 양쪽에 걸쳐 있으며 그 경계를 넘나든다. 한편, 의지의 자율은 —정언명령이나 도덕법칙에 대한 존경이라는 동기와 마찬가지로— 합법적 행위 중에서 더욱 도덕적으로 선한 행위를 도려내는 기능을 지닌다. 그림④를 참조하기 바란다.

지금까지는 (논의를 선명히 하기 위해 의도적으로) 행위를 일으키는 동기로서 '도덕법칙에 대한 존경'과 '자기사랑', 이렇게 대립하는 두 가지의 동기만 생각해왔다. 전자의 동기하에, 우리는 합법적 행위이자 동시에 도덕적으로 선한 행위를 실현한다. 그리고 후자의 동기하에, 우리는 합법적이지만 도덕적으로 악한 행위와, 비합법적 행위(당연히 도덕적으로 악한 행위)를 실현한다.

하지만 자기사랑이라는 동기에서 비롯하지 않고, 심지어 도덕적으로 선하다고는 할 수 없는(결국 도덕적으로 악한) 행위도 분명 성립할 수 있다. 그것은 그야말로 의지의 타율에서 생겨난다. 칸트는 다음과 같이 말한다.

> 의지의 자율의 원리를 따르면 '무엇을 해야 하는가'는 지극히 보통의 오성悟性으로도 매우 쉽게, 또 숙고하지 않아도 간파할 수 있다. 그러나 의지의 타율을 전제로 하면 '무엇을 해야 하는가'를 파악하기 곤란하므로 세간지世間智가 필요하다.

『실천이성비판』

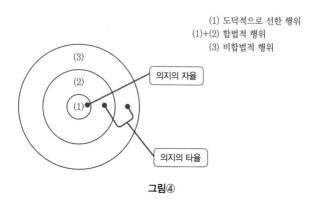

(1) 도덕적으로 선한 행위
(1)+(2) 합법적 행위
(3) 비합법적 행위

의지의 자율

의지의 타율

그림④

앞서(제2장에서) 살펴본 것처럼, 칸트는 '무엇이 도덕적으로 선한 행위인가'는 누구라도 판정할 수 있다고 보았다. 그렇다고 해서 '무엇이 합법적 행위인가'도 또한 쉽게 판정할 수 있다는 얘기는 아니다. 인용한 부분에서 '해야 하는' 것은 (합법적 행위가 아니라) 도덕적으로 선한 행위이므로, 그것은 도덕법칙의 존경이라는 동기에서 비롯한 행위라고 바꿔 말할 수 있다. 여기까지는 명확하여 아무런 의문도 없다.

그러나 후반에서 의지의 타율의 설명에 들어가자마자 논리가 비약飛躍하여 좀처럼 이해하기 어려워진다. 도덕법칙에 대한 존경이라는 동기 외에 자기사랑이라는 동기뿐이라면, 후반 문장은 자기사랑이라는 동기에 근거하여 '무엇을 해야 하는가'를 추구하는 일이 어렵다는 의미일 것이다.

왜냐하면 자기사랑에 뿌리를 둔 사람은, 어떨 때는 신용을 떨어뜨릴 수 없기에 약속을 지키고, 어떨 때는 그럴 염려가 없으므로 약속을 지키지 않는다. 또 어떨 때는 칭찬받기 때문에 타인에게 친절하고, 어떨 때는 전혀 칭찬받지 못하기에 타인에게 친절하지 않다. 늘 최대의 자기이익을 얻기 위해서 계산에 여념이 없으며, 심지어 모든 요인을 파악할 수 없으므로, 우리는 적지 않게 '계산 착오'를 범한다.

즉 앞서 든 인용 부분에서 전반에서는 '도덕적으로 선한 행위'라는 대답을 제시하며, 후반에서는 '최대의 이익을 얻는 행위'라는 답을 제시하므로 제대로 연결되지 않는다.

그렇게 이해한 후에 우선 '의지의 타율'을 '자기사랑'으로 바꿔서 해석했지만, 그래도 괜찮을지 의문이 생긴다. 과연 자기사랑에서 비롯한 동기에 의한 행위는 타율에서 비롯한 행위와 꼭 맞아떨어질까? 그렇지 않은 것 같다. 왜냐하면 도덕법칙에 대한 존경이라는 동기는 아니면서도, 반드시 자기사랑이라는 동기에서 비롯되지 않은 예도 생각할 수 있기 때문이다.

'문자'와 '정신'

자율=타율이라는 대개념에 대한 힌트를 얻기 위해서, 시선을 약간 다른 방향으로 틀어보자.

칸트는 같은 개념을 '문자'와 '정신'이라는 개념을 사용해 구별했다. 이것은 바움가르텐Alexander Gottlieb Baumgarten의 용어인 '법칙의 문자littera legis'와 '법칙의 정신anima legis'의 구별에서 유래한 것인데, 칸트는 자신의 저서에서 '문자'를 'Buchstabe', 정신을 'Geist'라고 번역하고 반복하여 사용했다. 『실천이성비판』의 한 부분에서는 확실히 '문자(합법성)'로서, 문자란 다름 아닌 합법성이라는 것을 시사했다. 왜냐하면 문자를 따르는 것은 선한 행위(합법적 행위)를 외형으로만 따르는 것이기 때문이다.

'타인을 친절하게 대한다'는 합법적 행위를 예로 들어보자. 자기사랑이라는 동기로 타인에게 친절을 베푸는 사람은 자신의 행위에 대한 감사나 칭찬과 같은 모종의 대가를 기대한다. 그렇다면 설사 외형이 합법적이라 하더라도, 그 행위는 도덕적으로 선한 행위라 할 수 없다.

이것과는 달리 문자에 따라 타인에게 친절한 사람은, 언뜻 도덕법칙에 대한 존경이라는 동기에서 기인한 것처럼 보이지만 사실 그 차이는 하늘과 땅만큼이나 크다. 그래서 더욱 악질인지도 모른다. 그는 고개를 쳐드는 자기사랑과 싸우면서도 '타인에게 친절해야 한다'는 명령을, 그것이 타인에 대한 의무이기 때문에 실행하는 것이 아니라, 그저 많은 사람이 그렇게 하고 있으므로, 그렇게 하는 것이 사회 통념이므로, 그저 따르고 있을 뿐이다. 이러한 사람을 칸트는 다음과 같이 비꼰다.

> ……만약 우리의 의지의 자유가 정신적 자동 기계의 자유 (……)라 한다면 이러한 자유는 근본이, 태엽을 한번 감아 놓기만 하면 자동으로 계속 운동하는 회전 고기구이기의 자유 이상은 아닐 것이다. (『실천이성비판』)

문자만 따르는 사람은 일정한 시간이 지나면 빙글 돌려서 고기의 한쪽 면을 굽고, 또 일정한 시간이 지나면 빙글 돌려서 반대쪽 면을 굽는, 이렇게 빠뜨리는 부위 없이 고기를 구울 수 있는 '회전 고기구이기'의 자유와 다를 바 없다는 것이다.

여기에서 가장 눈에 띄는 '정신적 자동 기계'인 대다수 선량한 시민을 바라보자면, 그들은 어떤 시대에는 태엽 A를 감아두었기 때문에 불구덩이 속에서 번민하고 괴로워하는 '마녀'에게 찬미가를 부르면서 장작을 처넣고, 또 어떤 시대에는 태엽 B를 감아두었기에 히틀러의 연설에 눈물을 흘리며 도취하고, 또 어떤 시대에는 태엽 C를 감아두었기에 여성 차별이나 성희롱에 눈을 부릅뜨고 항의한다. 어쩌면 자신을 포함하는 대부분이 틀렸을지도 모른다는 생각 따위는 머릿속 한구석을 스치는 일조차 없이, 열띤 주변 분위기에 동조한 채 절대적으로 확신하며 돌진한다.

칸트는 『실천이성비판』의 다른 곳에서 이러한 인간을 '태엽 감긴 마리오네트' 혹은 '사유하는 자동인형'이라고 부른다. 실로 적절한 표현이 아닐 수 없다.

심지어 선량한 시민은 자신들이 태엽 장치가 달린 자동인형이라는 사실을 자각하지 못한다. 자기 고유의 신념이나 감수성 대부분이 사회의 '당연한 신념이나 감수성'과 일치하며 그것에 의문을 품지 않는다. 전자와 후자의 경계가 거의 소멸했기 때문이다.

때로는 반성도 할 것이다. 하지만 이미 그들의 몸은 안전한 움직임을 택한 후다. 스스로 대다수 사람과는 확연히 다른 한 걸음을 내딛기란 쉽지 않다. 정신을 차리고 보면 다시금 대다수 사람과 마찬가지로 행동하고 있는 자신을 발견한다. 몸속 깊은 곳에서 그것이 가장 안전하다는 것, 적어도 가장 덜 위험하다는 사실을 알고 있기 때문이다.

자기사랑 이외의 의지의 타율

칸트가 의지의 타율을 배척한 것은 자기사랑이라는 동기를 제외한 다른 동기를 도덕적 선에서 배제하고자 했기 때문이다. '타율Heteronomie'이라는 개념의 도입에 따라 도덕적으로 악한 행동을 유발하는 동기는 자기사랑에 한정되지 않는 확산 양상을 보인다.

> 그들[의지의 타율을 표방하는 사람들]은, [그들에 따르면] 선의 최고 개념을 부여해야 하는 쾌의 대상을 행복에, 완전성에, 도덕 감정에, 혹은 신의 의지에 추구하려 했다……. (『실천이성비판』)

'쾌'와 '행복'과 '도덕 감정'이 타율에 위치하는 것은 좋은 일이다. 이것들은 경험적인 것이며 우리에게 주어진 것이다. 여기에 도덕적 선의 고향은 없다.

칸트에 따르면 '도덕적 감정론'은 반쯤 옳다. 도덕적 가치를 판정하는 기준으로서 도덕 감정을 꺼내는 것은 잘못이지만, 도덕적으로 선한 행위를 실현했을 때 우리가 상쾌한 기분이 드는 것은 용인된다. 즉 도덕 감정은 도덕적으로 선한 행위의 판정 기준이 아니라 그저 도덕적으로 선한 행위가 일으키는 결과에 지나지 않는다는 것이다.

여기에서 칸트가 '완전성'이라는 개념하에 생각하는 것은, 가령 스토아학파의 볼프Chr. Wolff처럼 개개인이 (외적 완전성을 갖춘) 전체의 목적 달성에 도움이 될 만한 (내적으로) 완전한 삶의 방식을 설정하고, 그것을 모방하는 행위를 도덕적으로 선하다고 간주하는 것이다. 그들에게는 생활 구석구석에 이르기까지 무엇이 완전한 행위=도덕적으로 선한 행위인지가 정해져 있다. 그들은 그것에 일말의 의심도 하지 않고 수행에 힘쓰며, 결국 어떤 상황이라 해도 이른바 자동으로 몸이 움직여 도덕적으로 선한 행위를 실행한다. 이것은 분명 의지의 자율이 아닌 타율이다.

그리고 '신의 의지' 또한 타율이다. 이른바 광신도를 포함한 종교에 심취한 신자가 합법적 행위를 실현할 때 그들의 동기가 도덕법칙에 대한 존경이라는 동기에서 비롯하지 않는 것은 확실하다. 하지만 그렇다고 해서 자기사랑에서 비롯한다고 쉽게 말할 수도 없다. 그들은 자기사랑 때문에 기독교의 교리 혹은 이슬람교의 교리를 아무런 의심 없이 실행하려는 것이 아니다. '신의 의지이기 때문에' 실행하려는 것이다.

여기까지 고찰했다면 반성해보아야 한다. 앞서(제2장에서) 정언명령이란 '어떤 조건에서도 한정되지 않는 명령이 아니라, 실은 자기사랑이라는 조건에 한정되지 않는 명령에 지나지 않는다'고 단정했다. 하지만 이 단정을 여기에서 조금 수정해야 한다. 정언명령이란 '자기사랑이라는 조건에 한정되지 않는 명언'일뿐 아니라, '완전성과 신의 의지라는 조건에도 한정되지 않는 명언'이기에.

그림⑤는 약간 복잡하지만 합법적 행위와 비합법적 행위에 걸쳐 있는 의지의 타율 영역의 구분을 나타낸다.

여기에서 한 가지 의문이 떠오른다. 스토아학파의 현인을 목표로 수행하는 사람이나 그리스도를 본받은 생활을 실천하는 사람은 그야말로 절대적인 명언을 받아들여서 그대로 실천하는 이들이 아닌가. 대다수의 선량한 시민도, 사회 습관을 절대적으로 신뢰하여 몸과 마음을 다해 그것에 따르고 있지 않은가. 그들의 심정은 정언명령을 받아들이고 그것을 실천하려는 사람의 심정과 다르지 않아 보인다. 하지만 칸트에 의하면 완전성이나 신의 의지에 따라 행위하는 것은 의지의 타율이며, 정언명령을 따라 행위하는 것은 의지의 자율이다. 둘의 차이는 어디에 있을까.

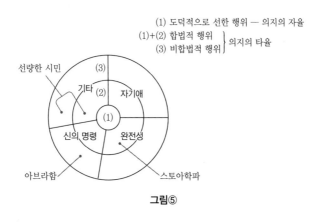

그림⑤

차이란 바로 합법적 행위가 처음부터 정해져 있는지 여부다. 전자의 경우, 우선 '따라야 할 행위'가 정해져 있다. 그것을 (이성의 검토를 거치지 않고) 그대로 실천하는 것이 요구된다. 이것이 타율이다. 하지만 후자의 경우, 당장 무엇이 선한 행위인지 전혀 정해져 있지 않다. 우리가 스스로 물음으로써 그것을 (정언명령을 무기로) 발견해야 한다.

칸트 윤리학에서 합법적 행위가 처음부터 정해져 있지 않은 것은 우연의 산물도, 칸트의 태만도 아니다. 그야말로 필요했기 때문이다. 칸트가 우리 이성적 존재에게 요구하는 것은 도덕적으로 선한 행위를 통해 그때마다 무엇이 선한 행위(합법적 행위)인지를 결정하게 하려는 것이다. 이것은 꽤 무거운 과제다. 산술 과제처럼 술술 풀리지 않는다. 그래도 우리는 칠전팔기하여 정언명령과 자기 인생의 모든 체험을 통해 그것에 대한 답을 찾을 수밖에 없다.

아브라함

『구약성서』에 쓰여 있는 대로, 아브라함은 이삭을 제물로 바치도록 신에게 명령받았을 때 정말 의심하지 않았을까? 고민하지 않았을까? 그가 의심했다면, 그리고 고민 끝에 아들을 죽이려 했다면 그는 도덕적이다. 하지만 아브라함은 의심하지 않았다. 그는 신을 믿어 의심치 않으며 담담한 심경으로 자기 아들을 죽이려 했다. 여기에 아브라함 일화의 참뜻이 숨어 있다.

키르케고르는 『두려움과 떨림Frygt og Bæven』에서 이것을 인상적으로 묘사했다. 약간 길지만 인용해보려 한다(키르케고르는 요설가饒舌家였다. 하지만 그렇게 장황하게 늘어놓은 말속에 바로 그가 필사적으로 전하려 한 뜻이 숨어 있다).

그러나 아브라함은 믿어 의심치 않았다. 그는 부조리한 것을 믿었다. 만약 아브라함이 의심했다면 ―그래도 그는 다른 무언가를, 틀림없이 위대하고 훌륭한 일은 했을 것이다. 그는 모리아 산을 향해 나갔을 것이다. 그는 장작을 쪼개고, 쌓아 올린 장작에 불을 붙이고, 칼을 뽑았으리라― 그는 신을

향해 이렇게 외쳤으리라. "이 제물을 거절하지 마옵소서. 이
것은 제가 가진 최선의 것은 아닙니다. 그것은 저도 잘 알고
있습니다. 왜냐하면, 약속된 아이와 비교하면, 노인 따위 쓸
모없을 테니까요! 하지만 이것은 제가 당신에게 바칠 수 있는
최선입니다. 이삭이 청춘을 향수할 수 있도록 부디 이 사실을
절대 이삭에게 알리지 말아 주십시오." 이렇게 말한 후 그는
자신의 가슴에 칼을 찔러 넣었을 것이다. 그는 이 세상에서
경탄 받았을 것이다. 그리고 그의 이름은 절대로 잊히지 않았
을 것이다. 하지만 경탄 받는 것과 불안에 떠는 이를 구하는
인도의 별이 되는 것은 다르다.

가혹한 운명이 저 멀리서 가까워져 오는 것을 보았을 때,
당신은 산을 향해, 나를 덮으라, 고 말한 후 언덕을 향해, 내
위에 쓰러지라는 말을 듣지는 않았을까? 아니 당신이 더욱
강했다 해도, 그래도 당신의 발은 뒤뚱거리며 길을 따라 가지
는 않았을까? 당신의 발은 이른바 익숙한 발자국으로 돌아오
기를 바라지는 않았을까? 당신을 향해 신의 목소리가 당도했
을 때 대답할 수 있었을까? 아니면 대답하지 못했을까? 대답
할 수 있었다 해도 아마도 낮은 목소리로, 속삭이지 않았을
까? 아브라함은 그렇지 않았다. 기꺼이, 미련 없이, 신뢰에
차서, 높은 목소리로, 그는 대답했다. "내가 여기 있나이다"
라고.

달리 해설은 필요 없으리라. 키르케고르는 아브라함이 '이삭

을 죽이라'는 신의 명령을 조금도 의심하지 않은 것, 전폭적인 신뢰를 맡긴 것, 그것이야말로 아브라함이 아브라함인 이유라고 역설한다. 그리고 이 모든 것을 칸트는 전혀 반대의 시선에서 바라본다. 이 일화에 대해서 칸트는 『종교론』에서도 여러 부분에 걸쳐 언급하고 있다. 또한 『학부들의 투쟁Der Streit der Fakultäten』에서 다음 인용 부분이 칸트의 생각을 가장 선명하게 드러낸다.

>   ……아브라함은 그 신의 목소리 비슷한 것에 대해 다음과 같이 답해야 했다. "내가 나의 선한 아들을 죽여서는 안 된다는 사실은 온전히 확실하지만 나에게 나타난 당신이 신이라는 것은 확실하지 않으며 또 앞으로도 확실해지지 않을 것입니다"라고.

반드시 같은 수준으로 논의해야 하는 것은 아니지만, 굳이 칸트 윤리학의 틀 안에서 아브라함의 일화를 끼워 맞춰보면, 아브라함은 '신이 명령'했기 때문에 그 명령의 내용이 아무리 불합리할지라도 그것을 따르려고 했다. 그는 그 내용을 되새기지 않았다. 의심하거나 고뇌하지 않고 그저 시키는 대로 아들을 죽이려 했다. 이 모든 것이 칸트의 눈으로 보면 '문자'의 수준에 그치고 있다. '정신'의 수준까지 파고들지 않았다. 칸트의 시선에서 보자면 아브라함은 '늘 투쟁 상태에 있지'(『실천이성비판』) 않았기에 도덕적으로 선하지는 않은 것이다.

나는 조개가 되고 싶다

'신의 의지'는 절대 권력자의 의지라는 말로 바꾸더라도 기본적으로 구조는 같다. 가령 '왕이 명했으므로', '영주의 의지이므로'와 같이 말이다.

「나는 조개가 되고 싶다私は貝になりたい」라는 프랭키 사카이フランキ-堺 주연의 오래된 영화(하시모토 시노부橋本忍 감독)가 있다. 전쟁 중, 한 이등병이 상관의 명령으로 포로인 미군 병사를 죽인 것(본인은 상처 입혔을 뿐이라고 고백하고 있지만)과 관련하여 종전 후 연합군의 법정에서 재판을 받는다. 그는 절규한다.

> 나는 그저 상관의 명령을 따랐을 뿐이야. 상관의 명령은 절대적이라고. 명령 불복종은 총살을 뜻한다고!

하지만 '그래도 당신은 그것이 선하다고는 생각하지 않았을 터이다. 그러므로 거부할 수 있었다'라는 냉엄한 판단에 따라 교수형 판결이 내려졌다. 그의 절규는 칸트도 인정하지 않을 것이다. 군사 법정에서 재판을 받아 유죄 판결을 받을지 아닐지는 칸트 윤리학을 넘어서는 주제지만, 그가 타율을 정당화하려 한 것은 —그에게 가혹하다는 것을 알고 말하자면— 약자 특유의 비겁한 태도다.

약자는 늘 "나는 아무것도 몰랐어! 그저 명령에 따랐을 뿐이야! 난 속았다고!"라며 부르짖는다. 그렇게 자신에게는 일말의 책임도 없다고 호소하려 한다. 심정적으로는 충분히 이해가 간다. 이 경우, '빨간 종이(소집영장)'를 찢어버리는 것도, 전장에서 상관의 명령을 거부하는 것도, 현실적으로는 거의 불가능하리라. 하지만 그렇다고 그가 완전히 무죄가 아니라는 사실도 분명하다. 그는 전쟁으로 돌진하는 사회에서 아무것도 하지 않았다. 아무것도 하지 않음으로써 그것을 지지했다. 즉 그는 당시 대부분의 일본인과 마찬가지로, 자신을 태엽 감긴 마리오네트, 혹은 회전 고기구이로 만든 책임이 있는 것이다.

이렇듯 일반적으로 '어떤 사람(A)이 나에게 명령했기 때문에' 혹은 'A의 의지이기 때문에'라는 동기만으로 어떤 행동을 실현할 경우, 그 행위가 (비합법적이라면 물론이거니와) 아무리 합법적이라 하더라도 거기에 도덕적 선은 눈곱만큼도 포함되어 있지 않다.

'문자'가 '정신'을 획득할 때

그렇다면 반대로 '정신'의 도덕적인 선을 체현하는 사람은 어떤 사람일까. 그것은 세상의 규범을 처음부터 모조리 자기 안에서, 즉 자율적으로 점검하는 사람, 세상의 규범에 대해서도 비판적이며 동시에 자기 자신의 도덕적 감수성에 대해서도 비판적인 사람이다.

도스토옙스키는 『지하생활자의 수기』의 주인공을 통해 $2 \times 2 = 4$를 철썩같이 믿는 데 대한 혐오를 고백한다. 과학 만능주의 세상에 대한 소박한 비판인데, 이 세상의 규범을 산술과 동등한 것으로 당연한 듯 받아들이는 사람들에 대한 비판으로 읽을 수 있다. 그는 $2 \times 2 = 4$라는 규칙에 순순히 따를 수 없다. 그것이 '옳다'는 것을 알면 알수록, 그것을 파괴하고자 하는 요구를 어쩌지 못한다.

그러나 2×2=4는──역시 아무래도 견딜 수 없는 인물이다. '이이는 사' 선생이 호기를 부리며 양손을 허리에 짚고 제군이 가는 곳에 버티고 서서 퉤, 하고 침을 뱉기라도 하듯이. '이이는 사'가 훌륭하다는 것에는 나도 이의가 없다. 하지만 어차피 뭐든 칭찬하라고 한다면 까짓 '이이는 오'도 가끔은 애교 넘치는 인물이라고 해도 좋지 않은가.

그리고 또 제군은 어째서 정상적이고 긍정적인 것만이──한마디로 말해서 안정만이 인간을 위한 것이라고, 그렇게까지 흔들림 없이 득의양양하게 확신하는가? 과연 이성이라는 것은 이해관계를 그르치지 않을까? 인간이 사랑하는 것이 안정만은 아닐지도 모르지 않는가. 고난도 똑같이 사랑할지도 모르지 않는가. 또 그 고난도 안정과 마찬가지로 인간을 위한 것일지도 모르지 않는가.

'이이는 사'에 대해 '지하생활자'처럼 절규하는 사람이 출현하는 일은 드물다. 특히 현대 일본인은 '이이는 사'에 저항하려 들면 개나 소나 '규칙이니까'라고 쥐어박는다. 그리고 '안정만이 인간을 위한 것이라고, 요지부동으로 득의양양하게 확신'한다. '이이는 사'에 대해 아무런 저항도 의문도 느끼지 않는 우리야말로 '옳다'고 확신하고, 그것에 반기를 드는 이들을 배척하고 박해하고 말살한다. 심지어 과학과 법률과 사회적 관습의 전폭적인 지지 아래, 아무 생각 없이 그렇게 행위한다. '법적으로 아무 위반도 하지 않았으니까'라고 대답하고 아무렇지 않은 얼굴을 하고 있다. 그들은 뼛속까지 '타율' 그 자체다. '문자'에 매달린 채 '정신'은 고갈되어 있다.

하지만 이러한 '정신'이 아주 둔감한 사람에게 도래하는 경우가 있다. 그것은 역설적이게도 그가 현실에서 사회의 규범을 어겼을 때다. 마치 다시 태어난 듯, 그에게 지금껏 자신이 타인을 향해 편하게 뱉었던 모든 말이 마치 거짓말 같은 외견을 두르고 나타난다. 눈, 귀, 감수성은 예민해지고, 사람들이 자신을 향해 뱉는 말 중에서 진짜와 가짜를 순식간에 가려낼 수 있게 된다. 그저 규범을 어기지 않고 지낼 뿐인데 엄청난 일을 하고 있다고 착각하는 양반의 오만함을 참을 수 없게 된다. '옳은 것'만 태연하게 지껄이는 그 얼굴에 오줌이라도 갈겨주고 싶어진다. 그들의 입에서 나오는 말은 무섭게도 하나같이 금세 이해되는 것뿐이다. 하지만 약아 빠지게 받아들이는 것, 그것만큼은 온몸으로 거부하고 싶은 것이다. 그는 지금껏 자신이 그것에 몸을 맡겨온, 평균적으로 받아들였던 것과는 절대적으로 다른 별개의 수용을 요구하고 있다.

타인의 지시, 권고, 경고, 위로는 퇴색하고, 지금껏 확고한 것이라고 믿어온 법률도 관습도 와르르 무너진다. '문자'를 견고하게 지탱하고 있던 모든 것이 순식간에 흔적도 없이 사라져 버린다. 타율로는 아무래도 움직일 수 없음을 통감하고 자율의 무거운 빗장을 스스로 연다. 이때 비로소 그는 '정신'에 내려서서 규범과 대면한다. 우리는 욥처럼 언제까지고 거짓 없이 물음을 던질 수밖에 없다. 자율에는 바로 이런 태도가 요구되는 것이다.

아돌프 아이히만

그러나 모든 것이 쉽게 결론 나지 않고, 모든 것이 직선적으로 정해지지 않기에 의지의 자율은 매우 위험한 측면을 지닌다. 그 곁에는 '선악의 피안'의 심연이 입을 쩍 벌리고 있다.

아돌프 아이히만Adolf Eichman은 칸트 윤리학에 따라 유대인을 쉼 없이 가스실로 보냈다고 말했다(고 한다). 그 행위의 동기는 '히틀러의 의지라서'가 아니었다. 자기사랑에서 기인한 것도 아니었다. 실로 칸트의 정언명령을 적용하여 숙고에 숙고를 거듭한 결과 '유대인을 절멸해야 한다'고 판단했다고 한다.

그는 칸트 윤리학을 완전히 오해한 것일까. 그렇지 않을 것이다. 왜냐하면 의지의 자율의 핵심 부분, 즉 어떤 것이든 우리가 어떤 신념을 갖고 그것을 '선하다'고 확신하고 보편화하려 한다면 그것을 막을 길은 없기 때문이다.

물론 자율은 '혼자서 결정하는 것'을 의미하지 않는다.

칸트는 『판단력비판』에서 준칙을 (1)자기 자신이 생각할 것 (2)자기 자신을 모든 타자의 입장에 두고 생각할 것 (3)언제나 자기 자신과 일치시켜서 생각할 것, 이라는 세 단계로 구별한 후에 특히 (2)에 대해서 다음과 같이 말한다.

······어떤 사람의 천분天分이 달할 수 있는 범위와 정도가 아무리 미미한 것이라도, 만약 이 사람이 자신의 주관적 개인적 조건들을 넘어서서, ······(타자의 입장에 서야만 취할 수 있는) 보편적 입장에서 그 자신의 판단을 반성한다면, 이러한

사고방식은 그가 확장된 사고를 지닌 사람임을 나타낸다.

하지만 그렇다고 하더라도 역시 최종적으로는 자기입법이다. 자신이 '선하다'고 입법하고 그것을 자기 자신이 따르는 것이다. 쇼펜하우어는 이것을 꿰뚫어보았다.

그는 정언명령의 한 가지 방식에 주목한다. 그것은 다음과 같다.

> 너의 준칙이 보편적 법칙이 되는 것, 네가 동시에 원할 수 있을 것 같은 준칙만을 따라서 행동하라. (『윤리형이상학 정초』)

이것을 바탕으로 쇼펜하우어는 『도덕의 기초에 관하여』에서 다음과 같이 말한다.

> 따라서 만인이 그것을 따라 행위하는 것을 내가 원할 수 있을 것 같은 준칙 그 자체가 처음 실제의 도덕 원리일 것이다. 내가 원할 수 있을 것 같다는 것이 축이고, 구체적으로 부여된 지시가 그 축을 둘러싸고 있다. 따라서 나는 무엇을 원할 수 있고, 무엇을 원할 수 없는가? 여기에서 질문받은 관점에서, 내가 무엇을 원할 수 있는지를 규정하기 위해서는 명확한 하나의 규칙이 필요하다. 나는 이 규칙에 의해 비로소 이른바 봉인된 명령에 포함된 지시를 여는 열쇠를 얻게 된 것이리라. 그렇다면 이 규칙은 어디에서 요구되어야 하는가? ──내 이기심 외에 어디에서도 요구될 수 없다…….

아이히만이 '유대인을 절멸해야 한다'라는 준칙을 가지고, 그 준칙이 보편적 법칙이 되는 것을 그가 '동시에 원할 수 있다'는 사실은 확실하다. 그러는 한, —칸트가 살았던 사회의 통념이나 칸트 고유의 인간관을 가지고 오지 않고서는— 칸트 윤리학 속에 이것을 피할 '이론'은 없다.

해어Richard Mervyn Hare나 매키John Leslie Mackie는 '유대인을 박멸해야 한다'고 확신하는 남자가 나중에 자기 자신이 유대인임을 알았을 경우, 자신도 죽어야 한다고 믿을 정도의 반유대주의는 이론적으로 가능하다고 주장했다(매키 『윤리학』). 나도 동감한다. 실은 정언명령에서는 인류의 존속이 특별히 거론되지 않는다. 그렇기에 자신을 포함한 인류 전체를 한꺼번에 말살해야 한다는 내용조차 곧바로 배제할 수는 없다.

여기에서 우리는 다시 한 번 합법적 행위와 비합법적 행위의 경계의 '비규정성'이라는 심연을 들여다보고 있다. 칸트가 아브라함의 행위를 인정하지 않는 것은 '아들을 제물로 바치는(죽이는)' 행위가 비합법적(따라서 당연히 도덕적으로 선하지 않다)이라는 확신이 있었기 때문이다. 하지만 이 확신은 어디에서 나오는 것일까. 칸트 윤리학의 기본 구조에서는 나오지 않는 것으로 보인다.

내가 틀리지 않았다는 보장은 어디에도 없다

도덕에서는 십계명처럼 선으로 충실한 내용이 앞서서는 안 된다. 내용은 각 사람이 자율적으로 찾아내야만 한다. 찾아내야 할 것에는 '도덕법칙'이라는 명칭만이 부여된다. 그것은 '완전히 성실한 행위의 법칙'이라는 그저 형식적인 규정이다.

> ……선의 개념 및 악의 개념은, 도덕법칙에 앞서는 것이 아니라(겉면만을 보면, 선의 개념 및 악의 개념을 더 도덕 법칙의 근저에 두어야 하지만), (……) 도덕법칙의 나중에 있고 도덕법칙에 의해 규정되어야만 한다. 『실천이성비판』

여기에는 칸트 윤리학의 진수가 선언되어 있다. 여기에서 '선의 개념 및 악의 개념'이라고 불리는 것은 '선의 대상 및 악의 대상' 즉 '선의 행위 및 악의 행위'라고 바꿔 말할 수 있다. 무엇이 선한 행위인가를 결정(규정)하는 일은 도덕법칙보다 앞서서는 안 된다는 것이다. 우선 도덕법칙(진실성=성실성의 원칙)이 세워지고, 그것에 따라 무엇이 도덕적으로 선한 행위인지 정해지면, 그다음에 무엇이 선한 행위(합법적 행위)인지를 정해야 한다(후자는 계속 흔들리지만).

이 순서는 우리의 상식과 동떨어져 있다. 우리는 우선 무엇이 선한 행위이고 무엇이 악한 행위인지부터 묻는다. 행위 자체에 선악의 의미를 뒤집어씌우려고 한다. 하지만, 칸트에게 있어 도덕적 의미의 선은 '타인에게 친절하다'는 행위의 외형에 요구되는 것이 아니며, 도덕적인 의미의 악은 살인이나 강간, 방화와 같은 이른바 '악한 행위' 중에서 찾을 수 있는 것이 아니다. 이러한 범죄 행위에 대해 칸트는 철저히 무관심한 태도로 일관한다. 칸트에게 있어 윤리학이란 무엇보다도 형식을 확립하는 것이다.

형식이란 이미 고찰한 바와 같이 동기(내지는 의지)와 행위 사이의 관계다. 오로지 도덕법칙에 대한 존경이라는 동기에서 비롯한 행위 및 진실성의 원칙에 따른 행위는 도덕적으로 선한 행위이며, 자기사랑이라는 동기에서 비롯한 행위는 —그것이 외형적으로 합법적 행위이건 비합법적 행위이건 간에— 도덕적으로는 악한 행위이다.

칸트에 따르면 무엇이 도덕적으로 선한 행위인가에서 우리는 틀리는 법이 없다. 하지만 도덕적으로 선한 행위란 합법적 행위여야 하는데, 무엇이 합법적 행위인지 판정할 때 칸트 윤리학 안에는 유용한 무기가 없다. 그래서 우리는 오리무중에 빠지고 만다. 사회의 다양한 규범에 반할지도 모른다. 다수의 반대에 부딪힐지도 모른다. 하지만 그것은 그것이 곧 합법적 행위로서 타당하지 않은 것을 의미하지는 않는다.

그리고 이성적인 한 우리는 한편으로, 자신이 살아가는 이 사회의 규범을 알고 있다. 하지만 우리는 진공 속에서가 아니라, 거기에서 합법적 행위를 구축하려 한다. 사회적 규범이 모조리 이성에 반하는 것은 아니다. 하지만 한편으로 우리는 사회의 규범을 있는 그대로 합법적 행위로 간주하는 일은 없을 것이다. 이성의 고찰에 따라 그것에 반항할 것이다. 그 양면을 가지고 사회를 대하는 것. 그것이 우리가 도덕적인 태도로 살아간다는 것이다.

각 지역과 문화에 따라 상대적인 상식을 맹목적으로 따르는 것이 도덕적이지는 않다. 그렇다고 자신의 종교적 혹은 사상적 신념에 따라 충실하게 살아가는 것이 사회의 규범과 어긋난다고 해서 주저 없이 사회의 규범을 깨뜨리는 것이 도덕적이란 소리도 아니다. 오히려 주어진 규범의 그물코 안에서 그것과 싸우면서 고뇌하고 괴로워하는 태도야말로 도덕적이다.

무조건 도덕법칙을 존경하고, 스스로 입법한다는 자율의 길을 걷는 경우라도 합법적 행위란 무엇인가가 자세히 주어진 것은 아니므로 우리가 틀릴 가능성은 얼마든지 있다. 모든 것을 자신의 내부(이성)에 따라 결정하기 때문에, 그리고 그 이외에 어디에도(신에게도, 권위에도, 전통에도) 기준을 따를 수 없으므로(이것이 자율의 의미이다) 신과 같은 존재자가 아닌 우리 인간은, 오히려 언제라도 틀릴 수 있다. 그것이, 자율에서 당연히 도출되는 결론이다.

낙태에 대하여, 프란테라의 경우

스위스의 작가 커비즐F. Walter Caviezel은 『왜냐고 묻지 말라』에서 이 문제를 훌륭히 주제화했다. 폐병을 앓는 아내가 출산으로 죽을 위험이 있다는 것을 알고 의사인 남편 프란테라Prantera는 고민하고 괴로워한다. 그는 아내에게 사태의 심각성을 그대로 알리고 낙태를 권하지만 아내는 완고하게 거부한다. 아내는 몇 번이나 위기를 넘긴 후에 출산에 성공했다. 하지만 사산이었다. 그것을 아내에게 알리지 못하고 있는데, 상태가 급격히 위독해져서 그만 숨을 거두고 만다.

낙태를 둘러싼 남편과 가톨릭 사제와의 대화는 인상적이다.

"안됐지만 그런 상황이라도 안 됩니다, 닥터. 생사를 관장하는 분은 오직 한 분뿐이니까요." 그는 엄숙히 말을 이어갔다. "인간에 대한 독점적 소유권은 그저 하느님에게만 허용된 것이지요. 이것이야말로 어떤 인공적 임신중절도 절대 용납

되지 않는다는 가장 깊은 근거입니다. 문제는 아이와 아이의 생명의 소유자가 누구인가 하는 것이겠지요. 그 본원적인 소유자로서 완전한 소유자는, 모든 인류의 창조자이시며 창시자인 하느님 외에는 없습니다. 따라서 생사를 처리하는 무제약적인 권리는 그저 하느님 한 분께만 귀속되는 것이지요. 부모는 하느님의 대리인이자 양육자에 지나지 않습니다. 닥터, 당신은 아버지로서 당신 자신의 절대권에 의해 아이에게 생명을 부여한 것이 아닙니다. 하느님의 조력에 의해 비로소 그렇게 된 것이지요. 당신은 그저 아버지로서, 하느님의 창조력을 섬기는 도구에 지나지 않습니다.……"

"그렇다면 즉 교회는 작고 보잘것없는 태아를 살리고, 한 사람의 인간, 한 사람의 아내, 한 사람의 어머니를 희생하라는 것입니까?"

프란테라는 격앙된 목소리로 대들었다.

"우리의 원리에 어디까지나 충실하려면 그 외에는 어쩔 도리가 없지요."

노사제는 유감의 뜻을 표했다.

가톨릭 교리를 바탕으로, 무엇을 해야 하는지 막힘없이 결론이 나오는 노사제의 의지는 타율이다. 그는 그저 교리에 발이 묶여 있는 것이 아니라 언제나 필사적으로 질문하는지도 모른다. 하지만 물음을 던지는 상대는 전지전능한 신이다. 모든 것을 신의 의지에 맡기는 형태로 묻고 결정하므로 역시 타율이다.

한편 프란테라는 의사이자 남편으로서는 '아내의 생명을 구하는 경우라면 낙태도 허용된다'고 믿고 싶다. 하지만 가톨릭 신자로서는 그것을 스스로 준칙으로 삼는 것은 불가능하다. 하물며 그 준칙을 정언명령에 따라 고찰하는 일은 없다. 그러므로 그는 고민 끝에 결국 노사제의 의견에 따른다.

두 사람은 같은 결론에 이르렀다. 그것은 (궁극적으로는 알 수 없지만) 합법적 행위라고 해도 좋을 것이다. 하지만 칸트의 눈으로 보면, 가톨릭 사제는 도덕적이지 않고, 프란테라만이 도덕적이다. 왜냐 하면 가톨릭 사제에게는 이미 '무엇이 선이고 무엇이 악인가'가 결 정되어 있는 데 반해, 프란테라는 처음부터 모든 것을 냉정하게 다시 생각하고 고뇌한 끝에 낙태를 단념했기 때문이다.

양심의 법정

그야말로 프란테라처럼 도덕적 인간은 합법적 행위란 무엇이 고 비합법적 행위란 무엇인가를 진지하게 고민해야 한다. 그러면 거기에 미묘한 영역이 열린다. 칸트는 『실천이성비판』, 『종교론』, 『윤리형이상학』 등에서 거듭 양심Gewissen에 대해 언급했는데, 그 모든 것을 봐도 양심의 구체적인 능력은 확실히 설명하지 않았다. 우리의 마음에는 양심이 있어서, 그것은 '내적 법정(『윤리형이상학』)'이 라 누구나 주저하지 않고 그곳에 출정해야 한다는 지적에 머물러 있다.

그리고 양심이란 선한 행위(합법적 행위)가 아니라 도덕적으로 선 한 행위를 지시하는 것이기 때문에 양심에 귀를 기울이면 합법적 행위가 무엇인지 즉각적으로 부여되는 것은 아니다. 양심의 목소리를 들으면 '무엇을 해야 하는지' 즉시 알 수 있다. 그렇다면 의지의 자율과 양립하지 않는다. 그것은 '신의 목소리'를 '양심의 목소리'로 바꾼 것뿐이며, 따라서 타율이다.

『윤리형이상학』 안에 힌트가 되는 말이 있다.

> 양심에 따라 행위하는 것은 그 자체로서 의무가 아니다. 왜냐하면, 그렇지 않으면 제1의 양심적인 행위를 자각하기 위해서, 나아가 제2의 양심이 없어서는 안 될 테니까. 이 경우 의무는 그저 자신의 양심을 개발하고 내적 재판관의 목소리에 주의를 곤두세우고 온갖 수단을 사용하여 (따라서 그저 간접적으로) 그것을 듣고 따르는 것뿐이다.

깊이 파고들어 해석해보자면 우리 마음속에 양심이라는 이름의 '어떤 것'이 숨어 있지는 않다. 양심은 어떤 내적 대상이 아니다. 그게 아니라 우리가 보통 양심이라고 부르는 것은 처음부터 '양심적으로'라는 부사라 할 수 있다.

우선 '양심을 따른다'는 의무가 있다면, 즉 '양심을 따르는 것' 그 자체가 지켜야 할 의무라면, 그 의무를 더욱 '양심적으로' 행할 필요가 있을 것이다. 다시 말해 대상으로서의 양심과 함께 제2의 양심이 더욱 필요해진다. 하지만 이것으로 그치지 않는다. 이번에는 '양심적으로 양심을 따르는 것'이 의무가 되어, 그 의무를 더욱 양심적으로 행하는 것이 필요해진다. 이렇게 무한후퇴에 빠진다.

이 오류의 원천은 처음에 '양심을 따르는 것' 자체를 의무라고 간주한 데 있다. 하지만 이것은 '약속을 지키는 것'처럼 의무가 아니다. '약속을 지키는 것'과 함께 '양심을 따르는 것'이라는 의무가 있는 것이 아니다. 그렇지 않다. 처음부터 양심은 부사적 작용이며 '약속을 지키는 것'을 '양심적으로' 행할 때 —즉 '약속은 지켜야 하므로'라는 자각을 근거로 약속을 지킬 때— 그것이 곧 '양심을 따르는 것'이다.

바꿔 말하면 '양심을 따르는 것'은 —'도덕법칙에 대한 존경이라는 동기'와 마찬가지로— 실현하는 행위의 구체적 내용을 포함하지 않는다. 합법적 행위라는 틀 안에서, 더욱이 그것이 도덕적으로 선한 행위인 조건을 행하는 것으로서, '도덕법칙에 대한 존경이라는 동기'가 자리 잡고 있는 것과 마찬가지로, 양심이 자리하고 있다.

즉 우리는 '양심에 따라서' 무엇이 도덕적 행위이고 무엇이 비도덕적 행위인지를 정할 수는 없다. 양심과 행위 사이에 틈이 있다는 사실을 칸트는 인정한다. 우리는 양심의 목소리를 들은 순간 '자동인형'처럼 행위로 옮기는 것이 아니다. 만약 그렇다면 우리의 의지는 자율이 아니게 될 것이다. 우리가 겨우 할 수 있는 것, 그것은 양심의 목소리에 귀를 기울이는 것이다. 그리고 아브라함처럼 자동적이 아니라 프란테라처럼 그것을 끝까지 고민하고 경우에 따라서 괴로워 허덕이며 행위로 옮기는 것이다.

이렇듯 양심은 무엇이 합법적 행위이고 무엇이 비합법적 행위인지 직접 가르쳐주지는 않는다. 그것은 언제 어떠한 경우라도 도덕법칙에 대한 존경이라는 동기에서 비롯한 행위를 하라고 가르쳐줄 뿐이다. 하지만 그것만으로는 구체적인 경우, 우리는 어떠한 합법적 행위를 실현해야 하는지, 일의적—義的으로 결정하고 있지 않다. 우리는 비록 양심의 목소리에 기울인다 하더라도 도덕법칙에 대한 존경이라는 동기에서 비롯한 행위를 하는 것 외에 모든 것을 자신이 정할 수밖에 없다.

빈에서 있었던 일

수년 전 빈에 살던 때 있었던 일이다. 아내와 둘이서 우체국에서 속달로 일본에 원고를 보낸 후, 커피라도 마실 겸 밖으로 나가니 경찰관 대여섯 명이 인도를 왔다 갔다 하고 있었다. 무슨 일인가 싶어 주위를 둘러보니 한 건물 주변을 수십 명의 남녀가 모여 찬송가를 부르며 이따금 무릎을 꿇고 가슴에 십자가를 긋고 있었다. 그 옆에서 남녀가 전단을 나눠주고 있었다. 그들에게 물어보니 그 건물 2층에는 낙태 전문 병원이 있는데, 자신들은 낙태하려고 그곳에 들어가는 여자들을 저지하고 있다고 했다.

"그런데 어떻게 낙태하려는 사람인지 아닌지 구별할 수 있습니까?"

"분위기로 알 수 있어요."

"그 어떤 경우라도 당신은 낙태를 허락할 수 없나요?"

"네. 그 어떤 경우라도."

"강간당해서 임신한 경우라도?"

"네. 그렇다 해도 태아에게는 책임이 없으니까요."

"당신들은 낙태하려는 사람을 어떤 방법으로 저지합니까?"

"설득하지요."

"설득해도 받아들이지 않으면 어떻게 하죠?"

"포기합니다."

"정말요? 그러면 왜 경찰관들이 저렇게 지켜보고 있는 거죠? 폭력적으로 저지하는 일도 있어서 아닐까요?"

"아니요. 예전에는 그런 일도 있었지만, 지금은 그렇지 않아요."

"그러면, 당신들에게 설득당해서 단념한 사람도 있나요?"

"그럼요. 많이 있어요."

젊은 남녀는 미소 지으며 우리에게 팸플릿을 건넸다. 팔랑팔랑 넘겨보니 피투성이 메스로 난도질당한 태아의 사진이 실려 있었다. 강간에 의한 임신이라도 낙태는 악이라고 그들은 생각한다. 그들 역시 가톨릭 신앙에 근거하여 이러한 일을 행동에 옮긴다. 그들의 행위는 자율일까 타율일까. 그 경계를 구분 짓기란 어려울 것이다. 그 신조를 이성적으로 반성한 후, 나아가 강건한 것으로 만든 경우도 있기 때문이다. 하지만 적어도 완전한 자율이라 할 수 없다는 점은 분명하다. 또 그들에게 설득되어 낙태를 단념한 여성들도 자율인지 타율인지를 당장 정할 수는 없을 것이다.

악에 대한 자유

자율에는 도덕적으로 선한 행동을 밝히는 기준이 있다. 그러나 그것에 비추어 합법적 행위를 그 자리에서 정할 수 있는 기준은 없다. 일단 합법적 행위가 결정되어 버리면 그것이 도덕적으로 선한 행위인지 아닌지는 결정되지만, '합법적 행위란 무엇인가?'라는 질문 앞에서는 다리가 얼어붙고 만다.

그렇다 하더라도 사람 대부분은 '왜 사람을 죽여서는 안 되는가?' 혹은 '왜, 자살해서는 안 되는가?'라는 질문, 즉 '무엇이 합법적 행위인가?'라는 질문에 괴로워하고 있지는 않을까?

아니, 조금 더 정확하게 말하면 이러한 극단적인 예로 괴로워하는 일은 적을 것이다. 그렇다면 가장 괴로운 것은 지금 검토하고 있는 '낙태는 허용되는가?'와 같은 종류의 경계적 질문이 아닐까. 혹은 앞장에서 검토한 것처럼 에도시대의 키리스탄이나 제2차 세계대전 전의 공산주의자처럼, 사회의 규범이라고 스스로 확신하는 신념과의 괴리, 권위나 권력, 사회 통념과 자신의 신념 사이에 벌어진 '선한 행위(합법적 행위)란 무엇인가?'를 둘러싼 이해의 어긋남에, 온몸으로 피를 흘리고 몸부림치며 뒹굴고 있지 않을까.

심지어, 비록 자신의 신념을 정언명령에 비추어 고찰하고 현재 통용하는 규범이 비합법적(그러므로 당연히 비도덕적)이라고 결론 내렸다 하더라도 곧바로 행위로 옮길 수는 없다. 흑인을 해방하고 싶지만 그러기 위해서는 사회가 혼란에 빠지고 수많은 희생자가 나올 것이다. 도덕적인 사람은 비합법적 행위라고 믿고 있는 것을 개혁하려고 할 때 수많은 재앙을 초래한다는 사실을 알고 주저하고 괴로워하는 법이다. 스스로 행동에 나서지 않고 수많은 흑인의 불행을 모른 채 해야 할지 아니면 다른 수많은 사람의 생명을 빼앗더라도 흑인 해방에 나서야 할지 칸트 윤리학 안에는 정해진 답이 없다.

다만 의지의 자율의 원칙만이 우뚝 솟아 있다. 하지만, 이 원칙 아래에서 구체적으로 '무엇을 해야 하는가?'에 대한 유일한 정답은 거의 모든 경우 얻을 수 없다.

어떤 시대, 어떤 사회라도 우리는 무엇이 지금 합법적인지 알고 있다고 자인하더라도 구체적인 상황이 덮쳐오면 갑자기 알 수 없게 된다. 우리는 아무것도 모른다는 사실을 뼈저리게 자각한 채 출발점으로 되돌아가고 어찌할 바를 몰라 하다가 모든 것을 처음부터 다시 생각해야 한다는 사실만을 안다.

이렇듯 우리는 최종적으로는 자신의 모든 인생과 정언명령에만 의지하여 자신의 판단으로 합법적이라고 믿는 행위를 하는 수밖에 없다. 그것이 우리의 운명이다. 여기에 '악'은 입을 벌리고 있다. 심지어 근본적인 악이.

제6장
문화의 악덕

의지Wille와 의사Willkühr

지금까지의 고찰에서, 칸트 윤리학에서는 아무래도 '악에 대한 자유'를 인정할 수밖에 없다는 사실이 판명되었다. 그런데도 칸트가 이 개념에 대해 충분히 숙고하지 않은 것은 분명하다.

칸트에게 자유란 곧 자유의지를 말한다. 자유는 바로 인간의 의지 안에 자리 잡고 있으며 다른 어디에도 없다. 칸트는 '자유의지'에 해당하는 독일어로 'Wille'과 'Willkühr'라는 두 가지 용어를 사용했다. 그 구별은 모든 저작에서 통일되어 있다고 할 수는 없지만, 대략 다음과 같이 말할 수 있을 것이다.

'Wille'는 '의지'라고 번역되는데, 심리학적 의미를 포함하지는 않는다. 그것은 '자유에 의한 인과성Kausalität durch Freiheit'이라는 특수한 인과성과 관련이 있는 의지다. 우리 인간이 자신의 행위에 대해 책임을 지는 존재자인 한, 한 남자가 가령 내적 · 외적인 자연 인과성(유년 시절의 학대, 청년시절의 나쁜 인간관계, 실연, 빈곤, 비뚤어진 성격 등 등)에 의해 살인으로 치달았다 하더라도, 그는 그것을 단념할 의지가 있다고 간주한다. 즉 '자유에 의한 인과성'이란 자연 인과성과는 독립적으로 그에게 책임을 지울 수 있게 하는 인과성이며 그원인이 바로 'Wille'이다.

그러므로 이 의미에서 의지는 각 사람의 마음속을 헤쳐서 발견할 수 있는 것이 아니다. 또한, 살인이라는 행위를 일으키는 고유의 의지도 아니다. 그것은 살인을 일으키는 의지와는 별도로 살인을 단념하는(혹은 단념해야 한다는 것을 알고 있는) 의지이므로.

하지만 살인은 하나의 행위이므로 그것은 자연 인과성만으로는 파악할 수 없다는 것도 분명하다. 아무리 열악한 환경에서 자라고, 아무리 사악한 성격을 길러왔다 하더라도, 아무나 자연 인과성에 완전히 지배되어 맹수나 몽유병자처럼 사람을 죽이는 것은 아니다. 그곳에는 특유의 자유, 즉 '악에 대한 자유'가 작동하고 있을 터이다. 바로 여기에 'Wille'가 아니라 'Willkühr'의 영역이 펼쳐진다.

'Willkühr'란 구체적인 장면에서, 우리가 행위 A에 착수하여 수행할 자유, 행위 B를 삼가고, 혹은 중지할 자유와 관련한다. 그러므로 이것을 '선택의지'라고 번역하는 일이 많다. 법학에서 사용하듯 '의사意思'라고 번역하는 경우도 있다. 즉 선한 행위·악한 행위를 불문하고 구체적인 행위를 일으키는 의지다. 쉽게 알 수 있듯이 '악에 대한 의지'는 책임에 관련한 것이 아니므로 칸트 용어 속에서는 이 'Willkühr'가 담당할 수밖에 없다. 실제로 『종교론』에서는 거의 이 용어가 쓰인다.

단, 'Wille'과는 별도로 'Willkühr'를 가져오기만 한다면 악에 대한 자유는 선명한 상을 맺지 않는다. 그도 그럴 것이, 우리는 어떠한 악행을 저지르더라도 그 악행의 개시에 대해 그것을 단념해야 한다고 의지하고 있으므로 책임을 면할 수는 없다. 하지만 이것은, 그럼에도 왜 우리는 그야말로 그때 자유의지에 따라 악행에 치닫느냐는 고유의 인과성을 설명하지 못한다. 이 인과성을 칸트는 주제화하지 않았다. 따라서 악을 행할 자유는 칸트 윤리학 안에서 —비록 '근본악'으로서 그 메커니즘의 기본이 제시되어도— 마지막까지 불분명한 채로 머물러 있는 것이다.

동물과 악마 사이

악은 비이성적 · 동물적 충동 속에 잠자고 있는 것이 아니다. 동물은 악을 행할 수 없다. 자유의지를 지닌 이성적 존재자만이 악을 행할 수 있기 때문이다. 하지만 원래 이성 그 자체에 악이 포함된 것은 아니다. 악은 동물적 충동을 완벽히 유지하는 인간과 같은 이성적 존재자(칸트는 '의존적 이성적 존재자'라고 한다) 안에 깃든다.

> 따라서 인간의 도덕적 악의 근거를 들기 위해서는 감성이 포함되는 일은 너무나 적다. ……하지만 이것과는 반대로 도덕적 법칙에서 해방된, 즉 사악한 이성(단적으로 악한 의지)이 포함되는 일은 너무 많다. 왜냐하면 그것에 의해 법칙 그 자체에 대한 반항이 동기로까지 커져서 (……) 이렇게 주체는 악마적 존재자로 취급받기 때문이다. (『종교론』)

한편, 성욕이나 식욕과 같은 감성의 경향성 그 자체에서 악이 생겨나지 않는다는 것은 좋은 일이다. 가령 '악'이라고 부른다 하더라도 그것은 너무나 희박한 악이다. 한편, 이성적 존재자이며 동시에 '선의지'가 아닌 '악의지'를 지니며 도덕법칙이 아닌 '악덕법칙'에 대한 존경에서 비롯한 동기에 의해 행위하는 악마적 존재자는 있을 수 있다. 하지만 그것을 '악'이라고 부르더라도, 인간에게는 너무나도 정도가 큰 악이며 실현 불가능하다(아니 상상불가능하다).

> 극악인조차 이 [선의지의] 법칙을 범하면서도, 역시 그 권

위를 인정한다. (『윤리형이상학 정초』)

바꿔 말하면, 인간이 관여하는 고유의 악은 소박한 동물적 욕망(경향성) 안에서도, 악마적 이성 안에서도 찾아낼 수는 없다. 인간적 악이란 동물적 욕망과 악마적 이성의 딱 중간에 위치하는 악이다.

'동물성의 소질(동물적 충동)'을 남기고 그것에 사회를 형성하고 문화를 발전시키는 '인간성의 소질'을 '접목aufpfropfen'하여, 나아가 그것에 도덕법칙을 존경하는 '인격성의 소질'을 '접목'한 인간 이성 안에서 비로소 인간 고유의 악이 발생하는 것이다.

악의 장소

악의 '원인'은 불분명하다. 그렇다면 악이 끓어오르는 '장소'는 어디일까. 칸트는 여기에 온 정신을 끌어모아 끝까지 고찰했다. 칸트 악론의 중심은 악의 원인도 그 극복도 아니다. 바로 악의 장소를 밝히는 것이다. 인간 존재의 '어디에' 악이 숨어 있으며, 그것이 (어떤 원인에 의해서가 아니라) 어떤 경과에 의해 그곳에 자리 잡게 되었는지 파고들었다.

따라서 쉽게 예상되듯이 그것은 인류역사라는 관점에서 '경험적' 설명이다. 동물의 단계에서 인간 고유의 모습으로 발전할 때, 우리는 동물로서의 고유한 모습에서 완전히 탈피하지 못한 채 (그 때문에) 고유의 악을 기르는 것이다. 이 설명은 계몽주의자적 냄새가 강해서, 가령 루소를 세상에 알린 계기가 되었던 디종 아카데미의 현상논문 테마 '학문·예술의 진보는 풍속을 타락시키는가,

아니면 둔화시키는가'(1950년)처럼 '문화의 발전은 도덕적으로 선한 것인가 그렇지 않은가'라는 문제는 당시 철학계의 주요 테마 중 하나였다.

'문화의 악덕'이라는 칸트의 용어는 그대로 이러한 흐름을 탔다. 하지만 칸트의 논술은 루소처럼 문화의 발전에 대해 전체적으로 부정적 태도를 보이지 않았다. 그렇다고 해서 버나드 맨더빌 Bernard Mandeville과 같은 공리주의자처럼 악덕이야말로 사회에 이익을 가져다주는 것이므로 선이라고 단언한 것도 아니다. 그는 딱 중간에 있다. 우리는 자연 상태로 돌아갈 수 없다. 하지만, 그렇다고 해서 문화의 진전이 그대로 도덕적 선을 증대시키는 것은 아니다. 우리는 '문화의 악덕'을 쌓아올린 채 그곳에서 도덕적 선을 향해 도약을 시도할 수밖에는 달리 방법이 없는 것이다.

그 미묘한 시점은 『세계 시민적 관점에서 본 보편사의 이념』(1784년)에 등장하는 재치 있는 개념 '비사교적 사회성ungesellige Geselligkeit'에서 잘 나타난다. 조금 길지만 칸트의 인간관을 잘 알 수 있는 둘도 없는 부분이므로 중간중간 생략하면서 인용해보려 한다.

> 하지만, 또 인간은 [사교적 성질과 함께] 자기 혼자가 되려 하는(고립화하려 하는) 강한 버릇을 갖고 있다. 왜냐하면 동시에 그는 자신 안에 모든 것을 자신의 의도대로 처리하려 하는 비사교적 성질도 발견하기 때문이다. ……
>
> 그 자체로는 바람직하지 않은 앞서 말한 비사교적 사교성이라는 버릇에서, 각 사람이 그 이기적인 오만함을 관철함에

따라 필연적으로 생겨날 수밖에 없는 저항이 발현하는 것이다. 그렇다고는 하나, 이러한 비사교성이 없었다면, 완전한 화합, 겸손, 서로에 대한 사랑이 실현된 아르카디아와 같은 목양생활에서, 인간 모두의 재능은 싹 속에 숨겨진 채로 멈출 것이다. 그리고 인간은 그들이 방목하는 양처럼 선량하다고 해도, 자신들의 존재에 이 가축이 지니는 가치 이상의 가치를 거의 부여하지 못할 것이다.……

따라서 우리는 인간과 인간 사이의 불화, 서로를 질투하면서 경쟁하는 허영심, 질릴 줄 모르는 소유욕과 지배욕에 대해 자연히 감사해도 좋다.……

이러한 자연적 동기, 즉 비사교성과 여기저기에서 보이는 저항이라는 원천은 그곳에서 많은 해악이 솟아오른다. 하지만 인간 저력의 새로운 긴장으로 따라서 또한 자연적 소질의 다양한 발전으로 휘모는 법이다.

윤리주의자로서의 칸트의 면모를 보여주는 문장이다. 인간이 문화적 생활을 영위하기 시작하자 각 사람은 타인보다 낫기를 바라고 그것이 타인의 무시무시한 '저항'을 만나 다양한 해악이 분출한다. 하지만 이러한 해악이야말로 '자연적 소질의 다양한 발전으로 휘모는' 것이므로 싸잡아 부정할 수도 없다. 우리에게는 우둔한 양의 상태에 머물 것인가, 아니면 거기에서 빠져나오기 위해 악전고투하고 그 결과 해악투성이인 생활을 받아들일 것인가, 하는 두 가지 선택지뿐이다.

이러한 단순한 사상 속에서 칸트 윤리학, 특히 악론(그 중심에 다음

장에서 자세히 다룰 '근본악'이 있다)의 풍부한 소재를 볼 수 있다.

칸트는 루소에 의해 '인간'에 눈을 떴다고 한다. 루소는 근대인의 추함을 우려하며 문화적인 것과 진보적인 것을 향해 곧바로 공격의 화살을 쏘았다. 하지만 칸트는 문화적인 것과 진보적인 것 안에서 해악과 같은 정도로 그 가치를 인정했다. 그렇다고 해서 당시 특히 영국 사상계에서 지배적이었던 공리주의(논리적 이기주의), 즉 '인간과 인간 사이의 불화, 서로를 질투하면서 경쟁하는 허영심, 질릴 줄 모르는 소유욕과 지배욕' 또한, 우리에게 부와 진보와 행복을 가져다주므로 선이라는 사상에도 따라가지 않았다.

칸트가 인간을 바라보는 눈은 이러한 사람들보다 훨씬(파스칼의 의미에서) '섬세'하다. 악을 통해서만 문화는 개발된다. 하지만 그렇다고 해서 악을 멀리하기 위해 양 무리로 돌아가서는 안 된다. 또 그렇다고 해서 각자의 자기사랑에서 비롯한 사욕을 결과적으로 문화를 개발하므로 선이라고 단정 지어서도 안 된다.

우리에게 행복을 추구하고 문화를 개발하는 것 이상으로 취해야 할 방법은 없다. 그렇다고 그것을 선으로 간주하지 말고 철저하게 악에 점철되어 있다는 사실을 속이려 하지도 말고 자각해야 한다. 악은 악이다. 그것에 어떤 효용이 있다 하더라도 선으로 바꾸는 것은 불가능하다.

동물성의 소질과 인간성의 소질

같은 사상이 『종교론』에도 반복된다.

인간의 '소질Anlage'은 세 종류다. 그중 하나는 '동물성의 소질'이며, 또 하나는 '인간성의 소질', 마지막은 '인격성의 소질'이다. 마지막 소질은 도덕법칙에 대한 존경의 감정이며, 자기사랑과는 대립하는 감정이지만 다른 두 가지는 악을 키우는 자기사랑이 들러붙어 있다. 오해해서는 안 될 것은 악에 관련하는 한, 동물성의 소질은 '동물의 소질'이 아니라는 것이다. 동물 자신은 악을 행할 수 없다. 이성적 존재자인 인간이 그 안에 동물성의 소질을 지닐 때, 그것은 종종 악을 발현시킨다.

칸트는 동물성의 소질과 인간성의 소질에 확실히 단계를 마련했다. 전자는 그저 '자연스러우며 기계적인' 자기사랑, 즉 '이성을 필요로 하지 않는' 자기사랑이며, '조야粗野의 악덕' 내지는 '짐승적 악덕'이라 부를 수 있다. 그리고 후자야말로, 이것과는 수준도 질도 다른, 훨씬 악질적인 악덕이다. 이것도 조금 길지만 인용해보겠다.

인간성의 소질은 자연적이긴 하지만, 그렇다고 하더라도 비교하는 (따라서 이성을 필요로 하는) 자기사랑이라는 일반적인 명칭으로 집약할 수 있다. 즉 타인과의 비교를 통해서만, 자신을 행복하다든가 불행하다고 판단하는 것이다. 타인의 사고 안에서 자신에게 가치를 매기는 것은 이 인간성의 소질에서 유래한다…….

……이 욕망에 즉 질투와 경쟁심에 우리가 타인이라고 간주하는 모든 사람에 대한 은밀한 혹은 노골적인 적의라는 최대의 악덕이 접목되는 경우가 있다. 이 악덕은 원래 그 뿌리로서의 자연에서 싹튼 것이 아니라, 타인이 분하게도 우리보

다 우월성을 갖지는 않을까 하고 우려할 때, 자기의 안전을 위해 예방수단 그 자체로서 자기에게 할당하는 경향성인 것이다.……

이 경향성에 접목된 악덕은, 따라서 문화의 악덕이라고도 부를 수 있는데, 그 악성의 정도가 최대인 경우, 가령 질투, 배은망덕, 타인의 불행을 기뻐하는 마음 등등이며, (악덕은 이 경우에는 그저 인간성을 뛰어넘은 악의 최대한의 이념에 지나지 않으므로) 악마적 악덕이라고 부를 수 있다.

여기에서도 우리가 선택할 길은 두 가지밖에 없다는 전제하에 논의가 전개되고 있다. 오만에 몸을 맡기고 문화를 개발할 것인가. 아니면 오만을 완전히 쳐부수고 양 무리에 머무를 것인가. 선택은 둘 중 하나이다. 하지만 우리는 양으로는 돌아가고 싶지도 않고 돌아갈 수도 없다. 그렇다면 오만의 불꽃을 피웠다가 다시 끄는 행위를 영원히 반복할 수밖에 없다. 비록 그곳에서 악이 솟아난다 하더라도.

칸트는 특히 이러한 '문화의 악덕'에 민감했다. 이것이야말로 칸트가 가장 주시하며 근절하기 어렵다고 인정한 악덕이기 때문이다. 그리고 이것에 관해 더욱 깊이 고찰해보면 이것은 새롭게 단장하여 '근본악'이라는 결정을 맺는다.

누구라도 그 안에 '짐승적 악덕'이 숨어 있다. 짐승 자신은 악과 관여하지 않는다. 인간이라는 이성적 존재자가 짐승적인 행위에 미칠 때, 그것이 짐승적 악덕이다. 구체적으로는 강간이라든가, 살인이라든가, 상해라든가, 방화를 떠올려보면 좋을 것이다.

하지만 이것보다 훨씬 악질적인 악덕은, 오히려 아직 동물성의 소질이 충분히 남아 있는 자연 상태에서 벗어나 문화적 단계로 올라가는 단계에서 발생한다(접목된다). 그것은 타인과의 관계의 한가운데에서 발생하는 '비교하는 자기사랑'이며, '그것을 위해 이성을 필요로 하는' 자기사랑, 즉 사적 영리함을 충분히 갖춘 자기사랑이다. 인간은 이 단계에 이르면 타인에게 높이 평가받는 것에 의한 우월감에 취하며, 타인에게 높이 평가받지 못하는 것에 의한 열등감에 괴로워한다. 타인보다 우월성을 지니고 싶다는 바람을 안고 어떤 사람에게는 적의를 가지고 또 어떤 사람은 질투하며, 또 어떤 사람에게는 경쟁심을 품느라 한순간도 마음을 쉬지 못하는 것이다.

　타인보다 우월성을 지니고 싶다는 바람을 안은 채 이러한 악덕에 젖어들지 않는 것은 불가능할까? 불가능하다. 이것을 제대로 이해하는 것이 칸트 윤리학을 이해하는 길이다. 타인보다 우월성을 지니고 싶은 인간은 '모든 인간에 대한 은밀한, 혹은 노골적인 적의'를 품는다.

　타인과의 경쟁에서 동떨어져 살아갈 수 있는 인간. 타인에 대한 '질투와 경쟁심'을 억누를 수 있는 인간은 칸트의 시야에는 없다. 세간에서 도망칠 수도 없고, 그렇다고 세간에 맹목적으로 따를 수도 없는 인간, 우월성을 목표로 타인과 부단히 추한 투쟁 속에 있는 인간이야말로 칸트가 눈여겨보며 관찰한 '인간'이다.

　또한 앞서 인용 부분에서 칸트는 '질투', '배은망덕', '타인의 불행을 기뻐하는 마음'이라는 일상적 악덕을 '악마적 악덕'이라고 불렀는데, 이것은(칸트 자신의 체험이 농후하다고 생각된다) '문화의 악덕'이 극단으로 치달은 경우이며 '문화의 악덕'의 일부를 이루고 '문화의 악덕'과 대립하는 것이 아니다.

이렇게 해석하고서 반성해보자면, 여기에서 악덕을 구체적으로 거론해나가는 것은 칸트 윤리학의 기본자세에 어긋나는 듯 보인다. 그 중심이 되는 사상은, 우선 선의 실질(무엇이 선인가)을 묻는 것이 아니라, 선의 형식(정언명령)을 묻는 데 있었다. 하지만 '질투', '배은망덕', '타인의 불행을 기뻐하는 마음'은 어찌 생각해도 악의 형식이 아닌 실질이다. 이것을 어떻게 받아들여야 할까.

실천이성과 인류의 발전사

우선 『종교론』은 이미 칸트의 비판논리학 바깥에 있다고 해석하는 것이 가능하다. 물론 인용 부분에서 다룬 악의 발생론은 분명히 인류의 발전사를 고려한 경험적인 설명이다. 이것과 실천이성비판의 선험적 선의 설명은 직접 연결되지 않는다. 칸트 윤리학이 행위의 성립을 모델로 하고 있기 때문에 '심정心情'의 선과 악이 직접 들어오지 않은 경우도 있을 것이다.

하지만, 인류의 발전사야말로 칸트 윤리학이 토대를 마련한 '비옥한 저지대'가 아닐까. 지금까지 몇 번이고 시사했지만, 칸트 윤리학은 '순수실천이성'에서만 도출되는 것이 아니다. 실은 그것은 항상 인류의 발전사를 초석으로 하고 있다. 개인조차 그 안에서 자신의 몸 안에 '문화의 악덕'을 키우는 것이다.

이것을 받아들인다면 앞선 물음에는 최종적으로 다음과 같이 대답할 수 있지 않을까.

칸트는『실천이성비판』까지는 '악'이라는 관점에서 선험적인 논리학을 구축하려 했다. '선'은 실천이성으로부터 선험적으로 도출될 수 있다는 확신이 있었기 때문이다. 하지만『종교론』에서 '악'을 주제로 할 때, 그것과 마찬가지로 실천이성에서 악을 선험적으로 도출할 수 있을 리 없다. 우리 인간은 도덕법칙의 반대 개념으로서의 악덕의 법칙을 존경하고, 선의지의 반대개념으로서의 악의지를 지니는 존재자가 아니기 때문이다. 지금까지 살펴본 것처럼 비판윤리학의 표층에서는 악은 고작 선의 부정성이라는 의미에 머무르지만(정언명령에 따르지 않는 행위), 그 표층 아래에 숨겨진 풍성한 내용은, 인류의 발전사와 같은 '경험적 설명'에 맡기지 않을 수 없다.

악에 대한 성벽

『종교론』의 악의 논의에서 칸트는 '성벽性癖/Hang'이라는 특별한 말을 도입했다. 그것은 개개인의 경향성(식욕, 성욕, 물욕, 권력욕, 명예욕 등)을 가능하게 하는 근거로서의 '경향Hang'이다. 이 성벽에는 다음 세 가지 단계가 있다.

(1)인간 심정의 약함
(2)인감 심정의 불순
(3)인간 심정의 악성

'인감 심정의 약함'은 가령, 성서에서 사도 바울의 한탄에서도 드러난다.

> 내 속 곧 내 육신에 선한 것이 거하지 아니하는 줄을 아노니 원함은 내게 있으나 선을 행하는 것은 없노라. 내가 원하는 바 선은 행하지 아니하고 도리어 원하지 아니하는 바 악을 행하는도다. (『신약성서』「로마서」)

이 경우 나는 도덕법칙을 존경하지만, 즉 선의지를 가지고 있지만, 막상 개개의 행동을 실현하려 하면 '약함'으로 인해 선의지가 경향성에 지고 마는 것이다. 이것은 '의지의 약함'에 관한 고전적 난문이며, 칸트 윤리학의 온갖 무기를 총동원해도 명확한 해답을 얻을 수 없다.

'인간 심정의 불순'은 나는 도덕법칙에 대한 존경에서 비롯한 동기를 확보했고 도덕적 선을 실현하는 데 만족할 만한 '강함'을 가지고 있으나, 실현할 때 경향성 즉 자기사랑에서 비롯한 동기를 섞이게 하는 것이다.

이상의 고찰에서 알 수 있듯이 '인간 심정의 약함'은 우리 이성적 존재자로서의 인간이, 그럼에도 불구하고 비합법적 행위를 저지르고 마는 이유를 밝히고 있다. 또한 '인간 심정의 불순'은 비록 비합법적 행위를 행하지 않고 합법적 행위를 실현하더라도 그 동기는 (대부분) 자기사랑에서 비롯되는 이유를 밝히고 있다.

그렇다면 남은 '인간 심정의 악성'이란 무엇일까. 그야말로 이것이 바로 좁은 의미의 악인 '근본악'이다. 이것은 '인간 심정의 불순'과 겹치지만, 굳이 구별하자면 '인간 심정의 불순'이 자기도 모르게 자기사랑을 '섞이게 하는' 경우라면 '인감 심정의 악성'은 의도적으로 (자유롭게) 자기사랑에서 비롯한 동기를 '선택한다'는 점에 있다. 다음 장에서 마지막으로 '인간 심정의 악성' 즉 '근본악'에 관한 정치한 논의를 검토하기로 하자.

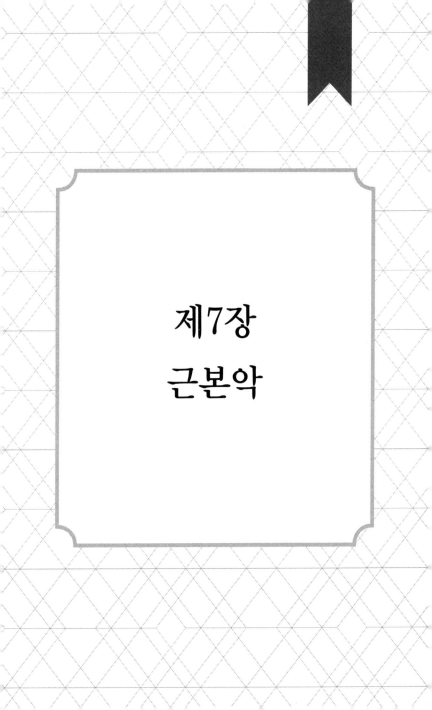

제7장
근본악

인간 심정의 악성

앞장에서 악에 대한 성벽을 '인간 심정의 약함', '인간 심정의 불순', 그리고 '인간 심정의 악성'이라는 세 가지 단계로 나눈다고 소개했는데, 근본악은 마지막 단계인 '인간 심정의 악성'에서 분출된다. 그것은 단순히 동기 안에 경향성을 혼재시키는 데 그치지 않는다.

> [인간 심정의 악성이란] 도덕법칙에서 비롯된 동기를 다른 (도덕적이지 않은) 동기보다 하위에 두는 준칙을 선택하는 의지의 성벽이다. (『종교론』)

이 문장을 정확하게 읽으면, 자기사랑에 뿌리를 내리고 (자타의) 행복을 추구한다는 '동기'가 아니라, 이 동기를 도덕법칙에 대한 존경에서 비롯한 동기보다도 우선하는 '준칙'을 선택하는 성벽이 문제다. 각각의 행위를 발동하는 배후에 있는 준칙의 악성, 엄격히 말하면, 그러한 준칙을 선택하는 심정의 악성이 문제인 것이다. 즉 심정의 악성은 (실현되는 행위는 합법적이므로) 각각의 행동의 비합법성이 아니다. 자기사랑에서 비롯한 동기를 도덕법칙에 대한 존경에서 비롯한 동기보다 우선하는 준칙을 가지는 것도 아니다. 바로 그러한 준칙을 자유롭게 선택해버리는 성벽 안에 있다. 이러한 성벽이야말로 근본악인 것이다.

정리해보자.

첫째, 인간 심정의 악성은 성욕이나 식욕, 혹은 타인의 몰락이나 불행을 바라는 마음 등의 경향성 자체에 있는 것이 아니다.

둘째, 그것은 이러한 날 것 그대로의 경향성을 숨기고 합법적 행위의 틀 안에서 실현하려는 동기, 즉 자기사랑에서 비롯한 행복을 영리하게 추구하려는 동기 안에 있는 것도 아니다.

셋째, 그것은 이러한 자기사랑에서 비롯한 동기를 도덕법칙에 대한 존경에서 비롯한 동기보다 우선하는 준칙을 가지고 있는 것, 그 자체 안에 있는 것이 아니다.

그러면 인간 심정의 악성은 어디에 있는가? 바로 우리 인간이 자기사랑에서 비롯한 동기를 도덕법칙에 대한 존경에서 비롯한 동기보다 우선하는 준칙을 자유롭게 선택하는 성벽을 가지는 것 안에 있다는 것이다. 칸트는 이것을 충분히 알고 '성벽'이라는 개념을 도입했다.

> 성벽은 분명 생득적일 수 있지만, ……(그것이 선한 경우에는) 획득된 것으로서, (그것이 악한 경우에는) 인간 자신에 의해 질질 끌어온 것으로서도 생각할 수 있다는 점에서, 소질 Anlage과 다르다.

'자유롭게 선택하는 악에 대한 성벽'을 얼마나 정확하게 이해하는가가 근본악을 이해하는 열쇠다. 한편, 악에 대한 성벽이 완전한 결정이라고 한다면, 우리는 필연적으로 악밖에 행할 수 없으며 자유와 악의 관계는 절단되고, '선의지', '자율', '도덕법칙에 대한 존경' 그 모든 것이 무의미해지고 이윽고 칸트 윤리학 전체가 붕괴할 것이다. 한편 그것이 완전히 결정되지 않았다면 우리는 그저 그때마다 완전히 자유롭게 선악의 선택이 흔들릴 뿐, 근본악이라는 논의는 무의미해질 것이다.

어느 쪽도 아닌 미묘한 상황을 칸트는 (자유로운) '선택의지Willkühr'와 '성벽Hang'이라는 두 개념을 연결함으로써 설명하려 했다. 성벽이란 객관적으로 필연적인 경향이 아니다. 우리는 마치 나무통이 비탈진 곳을 굴러가듯이, 준칙을 선택하는 것이 아니다. 우리는 비탈진 곳을 굴러가도록 자유롭게 선택하는 것이다.

악성의 준칙을 선택하는 성벽

여기에 펼쳐져 있는 것은, 다음과 같은 논리다.

(A)우리는, 악성의 준칙을 자유롭게 선택하고 있다.
(B)우리는, 악성의 준칙을 선택할 성벽을 지니고 있다.

칸트는 (A)를 (B)에 겹쳐서 다음과 같은 관계를 도출해낸다. 준칙을 자유롭게 선택할 수 있는 사람(이성적 존재자)이란, 틀림없이 악성의 준칙을 선택하는 성벽이 있는 사람이다. 당장 이 '방정식'을 풀어보자면, 구체적인 행위 실행 상황에서 개개의 인간은 자신이 자유롭게 준칙을 선택한다고 믿고 있지만, 사실 그 선택 자체가 악성의 준칙을 선택하는 자유 본성적 성벽이라는 '장場'의 근거에 있다고 해석할 수밖에 없다. 이러한 악한 장 자체도 스스로가 선택하여 형성한 것이며 그 장 아래에서 새로이 개개의 악한 행위를 선택하는 것이다.

이것은 특별히 복잡기괴한 이론이 아니다. 이 논리는 사실 인격형성 책임론의 변주에 지나지 않는다. 즉 극악인은 경향성(욕망)을 잘 관리하지 않았기에 언제고 악한 행위(비합법적 행위)를 실현하고 마는 악한 성격을 형성해버린 인간이다. 그 악한 성격은 결정된 것이 아니다. 그는 원래 악한 성격으로 태어난 것도 아니고 악한 성격이 될 수밖에 없었던 것도 아니다. 인생의 첫 시기에 절대적으로 강제된 것이 아니다. 스스로 분명하고도 자유롭게 선택한 것이다. 그는 미친 듯이 날뛰는 욕망을 잘 관리하지 않고 악행으로 기울기 쉬운 장을 서서히 형성하고 스스로가 형성한 장 아래에서 다시 악행으로 치닫는다.

마찬가지로 모든 사람은 이성적인 한, 도덕법칙에 대한 존경으로 말미암아 도덕적으로 선한 행위를 하도록 명령받고 있음에도 불구하고, 이것을 알면서 자기사랑이라는 동기에서 비롯한 외형적으로 선한 행위(합법적 행위)를 실현하고 만다. 마찬가지로 극악인도 그러한 기만적 성격을 장시간에 걸쳐 스스로 단계적으로 형성한 것이다. 스스로 형성한 장에서 점점 더 쉽게 자기사랑에서 비롯하여 약속을 지키고 자기사랑에서 비롯하여 타인에게 친절을 베푼다. 하지만 이 모든 도덕적인 악에도 불구하고 그는 일반적으로 사회적인 책임을 추궁 받지 않는다. 그렇기에 그 심정은 더욱 악한 것이다.

인격형성 책임론은 예외적인 극악인의 책임을 묻기 위해서 고안된 이론이었다. 하지만 인간 심정의 악성은 인간인 한 모든 인간이 범하는 악의 이론, 오히려 선한 성격을 쌓아올려 합법적 행위를 지켜내는 사람들이 범하는 악의 이론이다. 그렇기에 근본악이다.

인간이 동물적 상태를 벗어나 사회를 형성하는 한, '짐승적 악덕'은 (소멸은 하지 않지만) 후퇴하여 전경에 '문화의 악덕'이 등장한다. 그 과정을 따라 '인간 심정의 악성'이 길러진다. 사회를 형성한다는 것은 법률을 제정하고, 경제활동을 활성화하며, 문화를 발전시키는 것이다. 이러한 장 안에서 개개의 인간은 타인보다 우월해지려고 노력하고, 더욱 이익을 얻기 위해, 더욱 신용을 얻기 위해 서로 경쟁한다. 이러한 장에서 각 사람은 필사적으로 매진하여, 즉 사회의 규범을 따라 자기 자신을 최대한 실현하려 한다.

바꿔 말하면 문화의 발전과 함께 자기사랑은 비합법적 행위에서 빠져나와, 합법적 행위 안에 고이고 바로 그 '몸 안'에서 맹위를 떨친다. 외형적으로 선한 행위(합법적 행위)를 실현하면서 방패막이를 잘 이용하여 끈질기게 살아가는 것이다. 모두 몸과 마음을 바쳐 그 장 안에서 사회를 선하게 하려 한다. 뼈를 깎는 노력을 들이고, 부를 축적하고, 학교를 만들고, 병원을 세우고, 약자를 보호하고, 인간의 평등을 실현하고…… 그리고 각 개인은 자신을 비합법적 행위에 치닫지 않고 늘 합법적 행위를 실현하는 사람으로 단련해간다. 그 모든 것이 바로 자기 자신을 도덕적 선에 어긋나는 사람으로 형성해가는 과정이다. 이것이 '문화의 악덕'의 전형으로서 '인간 심정의 악성'이 형성하는 악, 즉 근본악이다.

도덕 질서의 전도

칸트는 이른바 '내적 자장磁場'으로서의 성벽에서 나온 자유로운 선택을 '전도Umkehrung'라는 개념을 사용하여 더욱 자세히 설명했다. 내용이나 실질이 아닌, 이러한 '도덕 질서의 전도'라는 형식 안에 '인간 심정의 악성'은 존재한다.

여기에서는 『실천이성비판』에서 제기된 '실천이성의 이율배반'이 새로 단장하여 등장한다. 이율배반에서는 본래의 도덕 질서가 제시되었을 뿐이지만, 『종교론』의 '근본악' 논의는 인간이 본래의 도덕 질서를 알면서 '전도하여' 또 한 번 선택지를 찾는 새로운 한 걸음을 내디딘다.

> 따라서, 인간이 (가장 선한 인간이라도) 악인 것은, 동기를 자신의 준칙에 적용할 경우, 오로지 그 동기의 도덕적 질서를 전도할 때뿐이다. 즉 인간은 분명 도덕법칙을 자기사랑의 법칙과 함께 준칙 안에 적용하기는 한다. 왜냐하면 이쪽이 저쪽과 함께 존재할 수 없고, 이쪽이 저쪽에 자신의 최고조건으로서 종속해야만 한다는 것을 알고 있기 때문이다. 하지만 이 경우 인간은 도덕법칙을 자기사랑을 만족시키는 최고조건으로서, 선택의지의 보편적 준칙 중에 유일한 동기로서 적용해야 하는데, 자기사랑의 동기와 그 경향성을 도덕법칙 준수의 조건으로 삼아버리는 것이다.

이성적 존재자로서의 인간은 본래 도덕법칙에 대한 존경에서 비롯한 동기를 제일로 삼고 그것이 자기사랑에서 비롯한 행복추구의 동기를 조건지워야 한다. 하지만 '가장 선한 인간이라도' 이 것을 전도하여 자기사랑에서 비롯한 행복추구의 동기를 제일로 삼고 그것이 도덕법칙에 대한 존경에서 비롯한 동기를 조건지운다. 도덕법칙에 대한 존경을 조건으로 행복을 추구해야 하는데, 오히려 행복 추구를 조건으로 도덕법칙을 존경하는 것이다.

칸트의 시선은 더욱 깊이 우리 인간의 심정 속에 침투하여 그 악성을 파헤친다. 여기에서는 비합법적 행위로 치닫는 범죄자의 악 따위는 문제가 되지 않는다. 그들은 약한 인간이며('인간 심정의 약함'), 자신의 몸 속에 꿈틀거리는 경향성을 잘 조정하여 합법적 행위 안에서 최대한, 그리고 영속적 이익을 얻는 영리한 처세술을 익히지 않은 것뿐이다. 다시 말해 선한 성격을 형성하는 것을 게을리한 것이다.

물론 비합법적 행위가 그대로 주어진 사회의 규범에 반하는 것은 아니지만, 어떤 경우에는 사회의 규범에 저촉되고 또 어떤 경우에는 규범에 저촉되지는 않는다 해도 세상의 심판이 기다리고 있다. 어떤 경우에는 허용될지도 모른다. 그 경계는 어디까지나 명확하지 않지만, 일단 그들의 악성은 행위의 외형에 관한 악성이므로 눈에 잘 보인다. 그러므로 칸트가 집요하게 주시할 필요는 없는 것이다.

엄청나게 넓은, 엄청나게 영리한, 엄청나게 위험한, 엄청나게 기만적인 악성이 '가장 선한 인간에게도' 깃들어 있다. 그것은 도덕적 질서를 전도하여 아무렇지 않게 살아가는 사람들 무리의 심정에 존재한다. 그는 범죄를 실행하지는 않는다. 그러기는커녕 도덕법칙을 적절하게 존경한다. 하지만 그것도 자타의 행복을 확보할 수 있을 뿐이다. 그는 표면적으로는 의무에 맞는 행위=합법적 행위에 매진하기만 하는 것은 아니다. 실로 '진심으로' 자살을 단념하고, 거짓 약속을 하지 않고, 스스로 도덕적 완전성을 향해 각고의 노력을 기울이며, 타인에게 친절하기 그지없다. 심지어 그러면서도 자기사랑의 편린조차 자각하지 않는 경우가 곧잘 있다. 하지만 본인도 자각하지 않은 심정의 깊은 곳에서는 사실 대대적인 전도가 일어나고 있다.

칸트의 시선은 일말의 속임수도 놓치지 않는다. 우리 인간이 살아간다는 것은 전도하여 살아가는 것이다. 전도하지 않고는 살아갈 수 없다. 행복을 확보할 수만 있다면, 우리는 그 안에서 도덕적 선을 추구하기 때문이다. 다시『거짓말 논문』의 사례를 떠올려보자. 늘 무조건 진실을 말하는 것을 준칙으로 삼는 사람이 있다면, 그는 친구도 연인도 생기지 않을 것이다. 어떤 직업도 가질 수 없을 것이다. 그 누구에게도 신뢰받지 못할 것이다. 즉 그는 사회에서 살아갈 수 없을 것이다.

우리가 살아가려면 적당히 거짓말을 할 수밖에 없다. 적어도 '되도록 진실을 말한다'라는 준칙을 적용할 수밖에 없다. '되도록'이란 '신변에 위험이 있을 때, 사회에서 말살될 위험이 있을 때는 진실을 말하지 않을지도 모른다'는 의미이므로, 확실히 도덕 질서를 전도한다. 진실성의 원칙을 제일에 두는 것이 아니라, 행복을 제일로 두고 행복이 확보된다는 조건하에서 진실성의 원칙에 따른다는 말이기 때문이다. '가장 선한 인간'조차 지금까지 살아왔으므로 틀림없이 그랬을 것이다.

근본악은 모든 준칙의 근거를 썩게 한다

　도덕 질서의 전도가 일어나는 한, 그 어떤 외형적으로 선한 행위(합법적 행위)도 '근본적으로 악'이다. 오히려 칸트는 여기에서 개개의 합법적 행위를 문제시하는 것은 아니다. 전도는 개개의 행위마다 일어나는 것이 아니라 준칙 단계에서 일어나기 때문에 그는 전도한 준칙에 따라 차례차례 합법적 행위를 선택해버리는 것이다.

　어느새 그러한 경험적 성격을 형성해버린 것이다. 외형적으로 선한 행위, 도덕적인 척하는 전혀 도덕적이지 않은 행위만큼 다루기 어려운 것은 없다. 그것은 다른 사람을 속이고 자신을 속이고 심지어 스스로 도덕적이라고 믿고 있으므로 이중 삼중으로 악하다. 그것은 모든 것을 '썩게' 한다.

　　한편, 이 전도의 성벽이 인간의 자연본성 속에 존재한다면, 인간 속에는 악에 대한 자연적 성벽이 존재하게 된다. 그리고 이 성벽 그 자체는 결국 자유로운 선택의지에 의해 추구되어야 한다. 따라서 책임이 돌아갈 수 있으므로 도덕적으로 악이다. 이 악은 모든 준칙의 근본을 썩게 하기 때문에 근본악이다. (『종교론』)

　근본악이란 지극히 비열하고 피를 얼어붙게 만들며, 인간의 짓이라고는 생각할 수 없는 극한적 악행을 가리키는 것이 아니다. 그것은 신뢰를 얻기 위해 다른 사람을 돕는다든가, 인색하게 보이기 싫어서 기부한다든가, 타인을 상처 입히고 싶지 않아서 진실을 전하지 않는 등의 섬세한 행위 안에 둥지를 틀고 있다. 그것은 우리가 (자타의) 행복을 추구하려 하는 한, 필연적으로 빠지는 함정이며 온갖 행위의 '뿌리'다.

칸트는 극악인을 규탄하려 한 것이 아니었다. 진정 그것은 아니다. 그가 뼈와 살을 깎아가며 고찰한 것은 실은 무척 구체적이고 일상적인 것이었다. 바로 다양한 장면에서 외형적으로 선한 행위(합법적 행위)를 실현하는 사람 대부분은 도덕적으로 선하지 않다는 것이다.

그렇다면 도덕 질서를 전도하는 원인은 대체 무엇일까. 그 개념의 배후에는 기독교의 '원죄' 사상이 있다. 하지만 칸트의 근본악은 그것과는 양상이 꽤 다르다. 칸트의 근본악은 아담이 저지른 원죄(신의 명령 위반)보다 훨씬 세속적이다. 이것은 의심 없이 '문화의 악덕'으로 직결된다. 우리 인간이 사회를 만들고, 문화를 개발하고, 규범을 만드는 것. 바로 그 안에서, 즉 합법적 행위를 실행하려는 것 안에서 인간 심정의 악성이 솟아난다는 것이다. 우리는 합법적 행위를 실현하려고 노력한다. 끊임없이 정언명령이 들려온다. 그러나 아무리 노력해도 도덕적으로 선한 행위는 실현하지 못하고 전도를 범하고 만다.

이렇듯 성벽 중 근본악을 만들어내는 '인간 심정의 악성'은 짐승적 악성이 아니라 문화의 악성과 직결된다. 사회, 문화, 규범이야말로 인간 심정의 악성이라는 자장을 형성하는 것이다. 우리는 그 성벽 중에서 자유롭게 준칙을 채택하는 수밖에 없다. 즉 외형적으로는 합법적인 행위를 실현하는 수밖에 없다는 것이다.

하지만 그야말로 그것이 우리에게 도덕적으로 선한 행위를 멀리하게 한다. 도덕적 행위를 실현하고자 하는 욕구가 없다면 우리는 전도를 범하는 일도 없고, 근본악에 뒤범벅되는 일도 없을 것이다. 합법적 행위를 실현하고자 하는 욕구를 지니는 것, 즉 사회를 유지하고 문화를 발전시키고 규범을 확립한다는 욕구를 가지는 것. 그것이 다름 아닌 전도의, 따라서 근본악의 (굳이 말하자면) '원인'인 것이다.

그렇다고 해도 우리 인간은 양 무리로 돌아갈 수는 없다. 그렇다면 어떻게 해야 할까.

출구 없음

이성적인 한 인간은 스스로 내면에 악에 대한 성벽을 끌어안고 있다. 그것은 그가 자유라는 것, 나아가 책임 주체로서의 인격이라는 말과 같다.

인격인 한 인간은, 세간에서 배척되지 않고 살아가는 것을 바라는 한, 무엇을 하려고 하든 도덕적으로 선한 행위를 실현할 수 없다는 사실을 확실히 자각하고 있다. 그는 모든 지성을 기울여서 도덕적으로 선한 행위가 실현되는 이상적인 상태를 사색할 수 있다. 하지만 일단 자신이 구체적인 행위에 나서는 한, 원리적으로는 도덕적으로 선한 행위를 실현할 수 없다. 그 사이에 가로놓인 잔혹한 차이를 알고 있다.

문화(예절)를 유지하면서 타인들 안에 섞이는 것. 그것이 하수 찌꺼기처럼 대량의 악을 만들어낸다. 하지만 우리는 그것을 쉽게 피할 수 없다.

······인간이 도덕적 소질에 따라 서로를 부패시키고 서로를 [도덕적으로] 악하게 만들려면 그들이 그곳에 있고, 그들이 그를 둘러싸면 된다. 그리고 그들이 인간이라는 것만으로 충분하다. (『종교론』)

그렇지만 타인과의 교제를 완전히 자르고 살아간다고 해서 도덕적 선이 실현되는 것은 아니다. 우리가 사는 것은 간접적이나마 타인과의 관계를 유지하며 살아가는 것이며 ―타인이 구운 빵을 먹고, 타인이 만든 옷을 입고, 타인이 지은 집에서 산다― 설사 황야를 방랑하더라도, 집안에 틀어박혀 있더라도, 타인들은 우리를 '둘러싸고' 있다.

아니 여기에는 생각지도 못한 함정이 발밑에서 아가리를 쩍 벌리고 있다. 거짓말을 하고 싶지 않아서 세상으로부터 멀어져 은둔한다는 인간의 동기는, 사실 진실성을 존경한다는 동기가 아니라, 거짓말을 하는 사람들 속에 있으면 '불쾌하니까'라는 동기인지도 모른다. 그렇다는 것은 불쾌하지 않기 위해서 은둔하는 것이며 '행복을 추구한다'는 동기가 다량으로 섞여 있다.

하물며 자살하는 것은 그것을 통해 '고통에서 벗어난다'는 동기가 조금이나마 섞여 있는 한 '쾌를 추구한다'는 동기를 제일로 삼고 있다.

출구는 없다. 어떻게 해도 우리는 도덕적으로 선해질 수 없다. 나에게는 끊임없이 '도덕적으로 선한 행위를 하라!'는 명령만이 들린다. 하지만 나는 스스로 그것을 실현할 수 없는 위치에 있다는 것 또한 잘 알고 있다.

정언명령은 도덕적으로 선한 행위를 절대적으로 명하는 것이지, 그러한 행위를 절대적으로 실현시키는 것이 아니다. 정언명령은 (이른바) 지면에 돌이 떨어지듯, 필연적으로 우리를 도덕적으로 선한 행위로 이끄는 것이 아니다. 그것은 그저 도덕적으로 선한 행위로 향하는 지침을 우리에게 제시할 뿐이다.

우리는 이 세상에 인간으로서 살아가는 한, 자신의 명예를 지키기 위해, 가족을 지키기 위해, 타인의 행복을 지키기 위해, 지인을 상처 입히지 않기 위해, 즉 겹겹의 자기사랑으로 인해 (자타의 행복을 추구하여) 거짓말을 할 수밖에 없다. 우리는 살아가는 한, 무엇을 하든 자기사랑이라는 냄새를 지울 수 없다.

우리는 자기사랑의 동기를 도덕법칙에 대한 존경의 동기보다 우선시키는 것밖에 할 수 없다. 우리는 이 '전도'를 행하도록 운명지어져 있다. 그것이 우리에게 주어진 상황이며, 즉 우리의 자연적인 성벽이며, 여기에 근본악이 깃드는 것이다.

하지만 그래도 더욱 우리는 자신을 '옳지 않다'고 단죄할 수 있다. 자기를 고발할 수 있다. 우리는 이성에 의해 이 명령이 부과되어 있다는 것을 알고 있기에 바로 그것을 실현할 수 없다는 것, 스스로가 '옳지 않다'는 것을 안다. 이렇듯 우리는 무엇을 실현하든 고민해야 한다. '우리는 고민해야 하므로, 고민할 수 있어야' 한다. 우리는 도덕법칙에서의 "Achtung!(여기서는 '주의'라는 뜻—역자 주)"이라는 신호를 무시할 수 없으며 그것에 존경Achtung 또한 품고 있기 때문이다.

부과되어 있으나 대답할 수 없는 물음

여기에서 『순수이성비판』 제1판(1781년) 「서장」의 모두에 있는 유명한 말을 인용해보자.

> 인간의 이성은 그 인식의 한 종류에서 회피할 수 없는 문제에 시달리는 특수한 운명을 지니고 있다. 즉 이성의 본성에 의해 이성에 부과되어 있으므로 배척할 수도 없고, 그렇다고 인간 이성의 온갖 능력을 초월했기 때문에 대답할 수도 없는, 이러한 물음으로 괴로워한다.

이 말은 실천이성에 대해서도 타당하다. 우리 인간은 '도덕적으로 선한 행위를 하라!'고 명령받고 있지만, 그것을 '배척할 수도 없고, 그렇다고 대답할(응할) 수도 없는' 잔혹한 상황에 놓여 있다. 동물처럼 애초에 명령받지 않았다면 편하게 살아갈 수 있으리라. 가공의 성인처럼 늘 명령받은 대로 행동할 수 있다면 구원받을 수 있으리라. 하지만 그렇지 않다. 우리에게는 '도덕적으로 선한 행위를 하라!'는 명령만이 내려진다. 그리고 그것에 곧바로 응하려 하면 할수록 그 명령을 등지고 만다. 그것이 인간의 '특수한 운명'인 것이다.

이 운명은 '철학'의 본래 의미를 행하는 'philo-sophein(지를 애타게 연모하다)'의 운명 그 자체다. 우리 인간은 '지자知者'가 될 수 없다. '무지자無知者'에 머무르는 것도 견딜 수 없다. 우리는 그저 '지를 계속 추구하는' 것만 가능할 뿐이다. 여기에 '지' 대신 '최고선'을 대입하더라도 그대로 철학의 작용이라는 점에 변함은 없다.

　　이 최고선의 개념을 실천적으로, 즉 우리의 이성적 행위
　를 성립시키는 준칙에 의해 충분하도록 규정하는 것이 지혜
　의 가르침*Weisheitslehre*이며, 또 이 가르침은 학*Wissenschaft*/學
　으로서는 고대 철학자들이 이 말을 이해한 의미로서의 철학
　*Philosophie*이다……. (『실천이성비판』)

'최고선'이란 도덕법칙에 대한 존경과 행복추구가 일치하는 상
태를 의미한다. 심지어 그것은 도덕법칙에 대한 존경이 행복추구
를 조건 짓는다는 본래의 질서가 실현된 상태다. 하지만 이것은
이념(이상)이며 누구나 이대로 실현하기란 불가능하다.
　'언제나 어떤 사람에 대해서도 거짓말을 하지 마. 게다가 그것
을 자타의 행복과 일치시켜선 안 돼'라고 명령받더라도 나는 그것
을 실현할 수 없다. 어떤 경우라도 거짓말을 하지 말라는 법칙 아
래에서 나는 불행에 빠질 수밖에 없다. '심지어 행복을 추구하라'
는 말을 듣더라도 무엇을 어찌 해야 할지 알 수 없다.

다시 프란테라의 경우

　앞서 든 커비즐의 소설을 떠올려보자. 프란테라는 낙태하지 않
으면 아내의 목숨이 위험해진다는 사실을 알고 있다. 그뿐 아니라
태어나는 아이의 생명도 보장할 수 없다는 것을. 하지만 낙태는
허락할 수 없다고 가톨릭 신부는 말한다. 그것은 인간의 생명을

절대 인간의 손으로 말살해서는 안 된다는 원칙에 의한 것이다.

아내는 무사히 출산을 견뎠고 사내아이를 낳았다. 아내는 환희에 전율한다. 하지만 그 아이는 사흘 후에 죽고 만다. 프란테라는 그 사실을 아내에게 전할 수 없었다. 그는 같은 날 태어난 다른 아이를 자신의 아이라고 속이고 아내의 품에 안겼다. 아내의 기쁨은 헤아릴 수 없었다. 그녀는 행복을 가져다준 신에게 감사한다. 그리고 그 일주일 후에 그녀도 숨을 거둔다.

프란테라는 거짓말을 했다. 그는 '우리 아이는 죽었다'고 말해야 했다. 그리고 아내의 괴로움을 견뎌야 했다. 그것이 칸트의 제안이다. 그리고 바로 그 방향에 최고선이 따른다.

프란테라는 자포자기의 심정으로 의사라는 직업을 버리고 전선으로 나선다. 하지만 죽을 수도 없었다. 다시 돌아와서 고향의 작은 교회에서 '왜라고 물어서는 안 된다'는 아내의 말을 떠올린다.

하지만 칸트가 제안하는 바는 '왜?'라고 거듭 묻는 것이다. 욥처럼 목이 쉴 때까지 묻고 또 묻는 것이다. 그는 아마도 보상받지 못할 것이다. 하지만 하나의 '깨달음'을 얻었다. 그것은 바로 자신이 행한 일은 도덕적으로 선하지 않았다는 사실이다. 그는 도덕적으로 선하고 싶었을 뿐이다. 심지어 행복해지고 싶었고 아내를 행복하게 해주고 싶었던 것이다.

근본악과 최고선

프란테라는 이 잔혹한 운명을 만나, 진실=성실과 행복과의 일치라는 최고선을 필사적으로 추구하면서 심지어 그것이 실현되지 못했기에 전신이 바스러지고 말았다. 그렇게 괴로워하고 고민한 끝에 '낙태하지 않는다'를 성실히 (그렇게 해서는 안 된다고 생각했기 때문에) 선택하면서, 마지막 한순간에 '우리 아이가 죽었다'는 사실을 아내의 행복을 위해 던져버렸다. 그는 점점 알 수 없게 되었다. 그는 그저 절규하듯이 이 모든 것에 대해 '왜?'라는 물음을 던진다.

우리는 그저 이런 형태로만 최고선을 추구할 수밖에 없다. 그것은 이론적인 사색에서 싹트는 것이 아니며, 세상의 규범에도, 무엇을 행해야 하는가에 한 점의 의심도 섞지 않는 노사제(가톨릭 신부)의 심정 안에 깃드는 것도 아니다. 아이러니하게도 우리가 스스로 사회 규범에 의문을 품을 때, 사회의 규범을 깨트릴 때, 아니 사회의 규범을 저주할 때 비로소 우리는 최고선을 온몸으로 '요구하는' 것이다.

그때 우리는 우리 손에 쥐어진 보잘 것 없는 해답을 보며 '그렇지 않아! 그렇지 않아!'라고 절규할 것이다. 하지만 그때 우리 손에는 확실히 무언가가 쥐어져 있다. 이 세상에서 실현할 수 있는 것과는 다른 실재성을 깨닫는다. 그것은 그렇게 '요구하는' 것과 상관하여 모습을 드러내는 실재성. 단순한 바람이 아니라, 다른 모든 것이 붕괴하는 강렬한 방법으로 (프란테라처럼 그리고 라스콜니코프처럼) 우리를 덮치는 실재성이다.

이성적이라는 말은 이러한 갈망을 가능성으로서 알고 있다는 것이며, 도덕적이라는 것은 그것을 자각하고 있다는 말이다.

근본악 아래에 있기에 우리는 도덕적일 수 있다. 근본악의 절대적인 인력을 알고 있기에 우리는 최고선을 추구할 수 있는 것이다. 우리에게는 절대적으로 '옳은' 해답이 주어지지 않는다는 사실을 알고 있기에 그것을 계속 추구할 수 있는 것이다.

후기

이십오 년도 전의 일이다. 누구 하나 아는 이 없는 빈으로 건너가, 사비 유학이라는 나의 무모한 행동에 매일 '어쩌지, 어쩌지'를 읊조리며 살아가던 어느 날 오후, 나는 벨베데레 궁전의 정원 벤치에 앉아 칸트의 『실천이성비판』을 읽고 있었다.

그 무렵에는 불안한 마음을 떨치기 위해서 주머니 안에 이와나미岩波 문고판 철학서를 몇 권 찔러 넣고 매일 정처 없이 거리를 걸었다. 그 날도 정연한 정원 저편으로 보이는 슈테판 대성당의 첨탑을 공허한 눈으로 바라보며 문득 끝없이 난해한 칸트 윤리학서를 펼쳐들었다. 언제나처럼 금방 마음은 활자를 떠나고 '아, 어쩌지'라는 절규에 씻겨나갈 것으로 생각했다. 그런데, 나는 그 책에 푹 빠져들었다. 그때까지 몇십 번도 더 읽은 책, 그리고 읽으면 읽을수록 이해할 수 없어서 짜증이 일어 그만 덮고 말았던 책이, 신기하게도 그때는 작열하는 모래에 찬물이 스며들어가듯 머릿속에 스며들었다. 정신 차리고 보니 책 속에 빠져 세 시간이나 흘려보낸 후였다. 10월이라기에는 이상하리만치 따뜻한 날이었다. 석양이 내 몸을 쨍하니 비추고 있었다. 나는 이마의 땀을 닦았다.

그 전에 일어난 전쟁에서 철학과 학생이었던 특공대원이 이 책 한 권을 가지고 적의 군함에 뛰어들었다는 일화를 떠올린다. 아, 그때 나는 —과장이라고 생각할지도 모르지만— 바로 그 특공대원과 같은 심경이었다.

그로부터 이십오 년이 흘렀다. 그때의 감동은 두 번 다시 찾아오지 않았다. 하지만 그날 이후, 칸트 윤리학에 대한 거부반응은 없어졌다.

아직도 나는 칸트 윤리학의 극히 일부만을 이해할 뿐이다. 철학서를 '이해한다'는 것은, 내 경우 몸으로 이해하는 것, 몸 전체로 '바로 이거야!'라고 외칠 정도로 이해하는 것이므로, 그런 부분이 극히 일부라는 얘기다. 이 책에서 나는 그 매우 작은 일부를 소개했다.

이 책 마지막에서 '근본악과 최고선'에 갈기갈기 찢긴 인간의 모습을 묘사했는데, 우리는 갈기갈기 찢겼기에 바로 그곳에서 신을 '요청'하는 자연스러운 전개로 나아간다. 그것은 머리로는 (윤리적으로는) 아는 것이지만, 아무리 노력해도 실감이 동반되지 않는다. 따라서 고민에 고민을 거듭한 끝에, 그것에 깊이 들어가지 않고 이 책을 마무리하기로 했다. 약간 미완성인 꼴이 되었지만, 그렇다고 이해하지 못하는 것을 쓸 수는 없는 노릇이다.

이것과 관련하여 보충하자면 '근본악'이 등장하는 것은 『종교론』 제1장 「선의 원리와 함께 [인간 심정에] 내재하는 악의 원리에 관하여 또는 인간 본성 안에 숨어 있는 근본악에 관하여」인데, 논의는 그것으로 끝나지 않고 제2장 이하에 다음과 같이 이어진다.

제2장 인간을 지배하려 하는 선의 원리와 악의 원리의 투쟁에 관하여

제3장 악의 원리에 대한 선의 원리의 승리 및 지상에서의 신의 나라 건설

제4장 선의 원리의 지배하에서의 봉사와 거짓 봉사에 관하여 또는 종교와 승직 제도에 관하여

제2장 이후에서 지금껏 철학적으로 논의된 적이 거의 없었던, 고유의 재미있는 주제를 발견할 수 있을지도 모른다. 하지만 현재로서는 거의 이해하지 못했을 뿐 아니라 전혀 흥미가 없다는 사실을 솔직히 고백해둔다.

칸트 윤리학에 관한 연구서는 대단히 많지만(『종교론』에 대한 것은 비교적 적다) 그중에서 이 책의 주제와 관련된 일본어로 된 문헌(번역본을 포함)을 몇 권 소개하려 한다. 자세한 사항은 고요쇼보晃洋書房에서 시리즈로 발간하고 있는 『현대 칸트 연구現代カント研究』(2016년 10월 기준으로 제13권까지 발간됨-역자 주)의 부록인 「일본어 칸트 문헌 목록」(사토 쓰토무佐藤努 편)을 참조하고자 한다.

1. 『칸트의 종교철학カントの宗教哲学』 가와무라 미치오川村三千雄, 오타루상과대학小樽商科大学 인문과학연구회 간행, 1974년

   지금은 손에 넣기 힘들지만 『순수이성비판』부터 『종교론』까지 칸트 종교사상의 변천을 꼼꼼히 짚었다.

2. 『칸트 윤리학의 성립カント倫理学の成立』하마다 요시후미浜田義文, 게이소쇼보勁草書房, 1981년

   칸트 윤리학의 성립역사 연구지만, 특히 루소를 비롯한 여러 사상가 사이에서 '자기애' 개념이 어떻게 다른지에 관한 정치한 분석이 훌륭하다.

3. 『종교철학으로서의 칸트 철학宗教哲学としてのカント哲学』하카리 요시하루量義治, 게이소쇼보, 1990년

   저자는 철저히 자신의 신앙과 중첩해 칸트를 읽는다. 신기하게도 일본에서 이는 드문 작업이다. 칸트의 사색 활동 모두를 종교철학의 관점에서 일관되게 받아들이는 시도는, 철학과 종교의 접점을 더욱 발견하는 시도이기도 하다.

4. 『칸트 철학의 여러 모습カント哲学の諸相』하마다 요시후미, 호세이대학法政大学 출판국, 1994년

   칸트 윤리학, 인간학, 영원평화론 등에 관한 논문을 모은 책으로, 특히 키케로의 『의무론』과의 관련성을 논한 제5장「칸트 '선의지'론의 철학사 배경カント<善意志>論の哲学史背景」은 참고가 되었다.

5. 『칸트 윤리학 연구カント倫理学研究』가와시마 슈이치川島秀一, 고요쇼보, 1995년

   칸트 윤리학 전반을 두루 다룬 연구서. 제4장「선에 대한 부정적 매개善への否定的媒介」에서는 '악'에 대해 다루며, 제8장에서는『거짓말 논문』을 비판한다.

6. 『칸트 철학과 기독교カント哲学とキリスト教』나가미 기요시

永見潔, 긴다이분게이샤近代文藝社, 1996년

『종교론』에 관한 포괄적인 연구서. '예수론'이나 '종교론' 등 제2장 이후의 주제도 적극적으로 파헤친다.

7. 『칸트와 신カントと神』 우쓰노미야 요시야키宇都宮芳明, 이와나미쇼텐岩波書店, 1998년

'이성신앙Vernunftglaube'이라는 개념을 기축으로 칸트의 도덕철학과 종교철학의 관계를 정치하게 좇은 책.

8. 『양심론良心論』이시카와 후미야스石川文康, 나고야대학名古屋大学 출판회, 2001년

'양심'에 관한 서양철학 전체를 시야에 둔 연구서.

9. 『인간에 있어서의 악人間における悪』모로오카 미치히코諸岡道比古, 도호쿠대학東北大学 출판회, 2001년

칸트와 셸링의 악론을 짚은 책. 이 책의 주인공은 셸링이지만, 칸트에 대해서는 특히 '도덕 종교'에 의한 악의 극복에 역점을 두고 있다.

일본어 번역서로는 다음을 들고자 한다.

1. 『정언명령定言命法』하버드.J.페이튼 저, 스기타 사토시杉田聡 역, 고로샤行路社, 1986년

표제에 있듯 '정언명령'의 각 법식을 정치하게 연구함으로써, 비판기 칸트 윤리학의 기본구조를 명확히 한다. 자각적으로 '동기론'에 관한 정설에 도전하여 칸트의 '엄격주의'를 완화했지만, 사견으로는 이것은 칸트 윤리학

의 절묘한 맛을 죽이는 것이다.

2. 『윤리학의 두 가지 근본 문제倫理学の二つの根本問題』 쇼펜하
우어 저, 마에다 게이사쿠前田敬作, 아시즈 다케오芦津丈夫,
이마무라 다카시今村孝 역, 하쿠스이샤白水社, 1996년
칸트 윤리학을 '개장改裝'하려 한 시론. 조잡한 면도 있지
만 복잡한 칸트 윤리학의 밑바닥에 스며든 본질을 파고
드는 통찰력이 돋보인다.

3. 『칸트의 종교철학(상·하)カントの宗教哲学(上·下)』 알버트
슈바이처 저, 사이토 요시카즈齋藤義一, 우에다 시즈테루
上田閑照 역, 하쿠스이샤, 2004년(신장복간판)
저자가 24세 때 쓴 박사논문인데, 우직할 정도로 텍스트
를 따라 칸트의 종교론 전체를 해석해나간다. 최근 일본
어 번역으로 복간되었지만, 이미 칸트 종교론에 관한 기
본 문헌의 자리를 차지하고 있다. 내가 이 책에서 다루
지 않은 『종교론』 제2장 이후의 주제를 기독교인 입장에
서 정면으로 다루고 있다. 그에게는 그 모든 것이 절실
한 문제인 것이다. 그 진지한 태도가 다시금 '역시 잘 모
르겠어'라는 생각으로 나를 몰아넣었다.

더불어 논문 하나만 더 추천하자면 다니다 신이치谷田信一의 「칸
트의 실질적 의무론의 구조와 '거짓말' 문제カントの実質的義務論の枠組
みと「嘘」の問題」(『현대 칸트 연구 1 現代カント研究1』, 고요쇼보, 1997년)은 매우 훌
륭한 논문이라 깨달은 바가 많았다.

이것뿐 아니라 칸트 윤리학 연구서와 연구논문은 지금껏 수도

없이 읽었다. 이번에 이 책을 쓰면서 다시 읽거나 새로 읽게 된 것도 있었지만, 이 책 안에서는 전혀 언급하지 않았다.

마지막으로 이 책에서 몇 번이나 다루었던 커비즐의 『왜냐고 묻지 말라』는 1955년에 하쿠스이샤에서 일본어 번역본이 간행되었다. 원서는 다음과 같다.

"Frag Nichit Warum! ein Arztroman der Gegenwart" F. Walter Caviezel, Waldstatt Verlag, 1952

이 책의 담당자인 오야마 미사코大山美佐子 씨는 내가 빈의 일본인 학교에서 비상근강사로 영어를 가르치던 시절의 제자 중 한 명이다. 처음 만났을 때 그녀는 중학교 2학년, 열세 살이었다. 이런 형태로 옛 제자와 일할 수 있다는 것은 무척 기쁜 일이다. 그 주제가 '악'이라는 것도 묘하다. 지난 몇 년간, 만날 때마다 그녀는 "선생님, 악은 아직 멀었나요? 악은 아직 멀었나요?"라고 조르곤 했다. 오야마 씨, 드디어 '악'이 완성되었네요.

2004년 음력 12월

나카지마 요시미치

역자 후기

    수년 전, 일본의 소설가 요시다 슈이치吉田修一의 『악인惡人』이라는 소설을 읽고 난 후 머릿속을 가득 메운 질문이 아직도 생생하다. 바로 '과연 누가 악인인가?'라는 물음이었다. 결국 살인을 행동으로 옮기고 만 남자가 악인인가? 아니면 남자를 무시하고 감정적으로 짓밟은 결과 죽임을 당한 여자가 그러한가? 아니면 둘 다인가? 혼란스러웠다. 작가가 처음부터 살인자와 피살자, 즉 가해자와 피해자라는 명백한 카드를 독자에게 내민 것은 아마도 나중에 밀어닥치는 혼란을 가중하려는 의도였으리라.

    철학이라는 분야는 낯설지언정, 임마누엘 칸트는 우리에게 너무도 익숙한 이름이다. 18세기 독일에서 삶을 보낸 이 철학자도 같은 질문을 끌어안고 고민했던 것 같다. 물론 칸트의 '악'에 대한 질문은 소설 『악인』과는 조금 다른 질감이다.

    칸트는 우리에게 『순수이성비판』으로 대변된다. 무슨 내용인지는 몰라도 일단 칸트 하면 『순수이성비판』을 떠올리는 사람이 많을 것이다. 그런 그가 『윤리형이상학 정초』 등의 저서를 통해 '악'에 대해 마지막까지 고민한 사실은 비교적 알려지지 않았다.

    처음에 소개한 소설 『악인』을 되짚어보자. 칸트에 의하면 일단 남자는 악인이다. 비합법적 행위를 저질렀기 때문이다. 칸트에게 비합법적 행위는 명백한 악이므로 논할 필요조차 없을지도 모른다. 그렇다. 그의 화두는 오로지 '합법적' 테두리 안에서 일어나는 '악'이었다. 언뜻 고개를 갸웃거리게 된다. 왜 합법적인 게 악이지? 이런 의문이 들었다면 이 책이 그 답을 제시하리라 믿는다.

잘 알다시피 책을 다른 언어로 옮기는 일은 그저 가죽만 벗겨 덧씌우는 작업이 아니다. 뼈와 살을 발라 다시 채우고 가죽도 무두질을 새로 해야 한다. 그 과정에서 어쩔 수 없이 떨어져나가는 살점도 있을 것이다. 그러나 철학이라는 분야만큼은 작업 과정에서 일어나는 '변형'을 최소한으로 줄여야 한다고 믿는다. 그래서 마지막 장을 덮을 때까지도 칸트 전문가가 아닌 내가 그의 사상을 우리말로 옮긴다는 사실에 심하게 마음을 짓눌렸다.

그나마 중심을 잡을 수 있었던 것은 아카넷에서 발간된 칸트 전집(백종현 역) 덕분이었다. 이 자리를 빌려 고마움을 전하고 싶다.

다만 이 책은 칸트 전문가가 아닌 일반 독자에게 칸트의 '악'에 대한 개념을 소개하기 위해 일본의 철학자가 알기 쉽게 풀이한 것임을 염두에 두었으면 한다. 이 책을 집어든 독자는 부디 곁가지에 시선을 빼앗기지 말고 칸트가 죽는 날까지 매달렸던 '진정한 악'이란 무엇인가에 대한 대답을 찾을 수 있기만을 바란다. 그래서 부디 칸트가 제시하듯 '악인'으로 살지 않을 힌트를 손에 쥔 채, 끝없이 고민하는 '선인善人'의 길을 가시기를.

2016년 겨울의 문턱에서

박미정

악이란 무엇인가

초판 1쇄 인쇄 2016년 12월 20일
초판 1쇄 발행 2016년 12월 25일

저자 : 나카지마 요시미치
번역 : 박미정

펴낸이 : 이동섭
편집 : 이민규, 오세찬, 서찬웅
디자인 : 조세연, 백승주
영업 · 마케팅 : 송정환
e-BOOK : 홍인표, 안진우, 김영빈
관리 : 이윤미

㈜에이케이커뮤니케이션즈
등록 1996년 7월 9일(제302-1996-00026호)
주소 : 04002 서울 마포구 동교로 17안길 28, 2층
TEL : 02-702-7963~5 FAX : 02-702-7988
http://www.amusementkorea.co.kr

ISBN 979-11-274-0376-8 04190
ISBN 979-11-7024-600-8 04080

AKUNI TSUITE
by Yoshimichi Nakajima
Copyright©2005 by Yoshimichi Nakajima
First published 2005 by Iwanami Shoten, Publishers, Tokyo.
This Korean edition published 2016
by AK Communications, Inc., Seoul
by arrangement with the Proprietor c/o Iwanami Shoten, Publishers, Tokyo

이 도서의 국립중앙도서관 출판예정도서목록(CIP)은 서지정보유통지원시스템
홈페이지(http://seoji.nl.go.kr)와 국가자료공동목록시스템(http://www.nl.go.kr/kolisnet)에서
이용하실 수 있습니다. (CIP제어번호 : CIP2016028186)

*잘못된 책은 구입한 곳에서 무료로 바꿔드립니다.